U0964320

XINSHIQI
GAOXIAO CHUANGXIN JIUYE
JIAOYU GUANLI YANJIU

新时期高校创新就业教育管理研究

王小云　王秀娟　张翼翔　著

哈尔滨出版社
HARBIN PUBLISHING HOUSE

图书在版编目（CIP）数据

新时期高校创新就业教育管理研究 / 王小云，王秀娟，张翼翔著. -- 哈尔滨 ：哈尔滨出版社，2025. 5.
ISBN 978-7-5484-8569-8

Ⅰ. G640

中国国家版本馆 CIP 数据核字第 2025MQ6691 号

书　　名： **新时期高校创新就业教育管理研究**
XINSHIQI GAOXIAO CHUANGXIN JIUYE JIAOYU GUANLI YANJIU

作　　者： 王小云　王秀娟　张翼翔　著
责任编辑： 李金秋

出版发行： 哈尔滨出版社(Harbin Publishing House)
社　　址： 哈尔滨市香坊区泰山路 82-9 号　**邮编：** 150090
经　　销： 全国新华书店
印　　刷： 北京鑫益晖印刷有限公司
网　　址： www. hrbcbs. com
E - mail： hrbcbs@ yeah. net
编辑版权热线： (0451)87900271　87900272
销售热线： (0451)87900202　87900203

开　　本： 787mm×1092mm　1/16　**印张：** 11. 5　**字数：** 215 千字
版　　次： 2025 年 5 月第 1 版
印　　次： 2025 年 5 月第 1 次印刷
书　　号： ISBN 978-7-5484-8569-8
定　　价： 58. 00 元

前　言

随着时代的进步和社会的发展,高等教育逐渐从精英化走向大众化,高校毕业生的就业问题日益凸显其重要性,特别是在当前经济全球化、信息化不断深入的背景下,传统的就业教育模式已难以完全适应新的形势和需求。因此,加强高校创新就业教育管理研究,不仅对于提升毕业生的就业竞争力具有重要意义,更是高等教育改革与发展的必然趋势。新时期下,高校创新就业教育管理的内涵和外延都在发生深刻变化。它不再仅仅是简单的职业指导或就业服务,而是贯穿于学生整个大学学习生涯的全方位、多层次的教育管理过程。其中包括对学生职业观念的引导、职业技能的培养、就业市场的开拓以及创业创新的支持等多个方面。每一项内容都需要高校精心设计、科学规划,并与时俱进地不断完善和优化。

同时,也应看到,高校创新就业教育管理面临着诸多挑战,如何平衡学术教育与职业教育的关系,如何在保障教育质量的基础上提升学生的就业能力,如何构建有效的校企合作机制以促进学生的实习与就业,这些都是摆在高校面前的重要课题。而解决这些问题的关键,在于高校能否建立起一套既符合自身特点又适应社会发展需求的创新就业教育管理体系。正是基于这样的认识和思考,本书应运而生,旨在通过对当前高校创新就业教育管理的现状进行深入分析,结合国内外先进的理论和实践经验,探索出一套科学、系统、实用的高校创新就业教育管理方法和策略。

本书一共分为 8 个章节,主要以新时期高校创新就业教育管理为研究基点,通过本书的介绍让读者对新时期高校创新就业教育管理研究有更加清晰的了解,进一步摸清当前高校创新就业教育的发展脉络,为高校创新就业教育的研究提供更加广阔的用武空间。在这样的一个背景下,高校创新就业教育管理的理论研究仍然有许多空白需要填补,需要运用现代的先进教育理论、观念和科学方法,在已有的基础上进一步深入开展研究工作,以适应不断发展的新形势。

目　录

第一章　高校教育组织与管理理论初探

第一节　高校教育组织与管理概述

一、高校教育组织与管理的认知

（一）教育组织与学校组织

1. 教育组织

教育组织是一个涵盖广泛领域的集合体，它不仅仅局限于传统的教育机构，而是扩展到所有为实现教育目标而努力的机构与实体。在这个框架下，不仅包括各级学校，更延伸到了教育行政部门、教育研究机构以及教育咨询机构等多个层面。这些组织共同构建了一个庞大的教育体系，其核心使命在于通过系统而科学的教育方法，向受众传递知识、技能以及积极向上的价值观，从而推动个体素质的提升和社会整体的发展。为实现其使命，教育组织必须精心规划、严密组织、有力领导、有效控制以及全面协调其内部和外部的各项管理活动。这些管理活动确保了教育资源的优化配置和高效利用，为教育目标的顺利达成提供了坚实的组织保障。在当代社会，教育组织正日益成为推动教育现代化、提升教育质量以及促进教育公平的重要力量。通过不断创新教育模式和方法，努力满足社会对多元化、高质量教育资源的需求，从而为社会进步和人才培养做出了不可或缺的贡献。

2. 学校组织

学校组织作为教育组织的一个重要分支，其存在的基础和目的就是为实现既定的教育目标。它是一个高度专业化的社会单位，肩负着通过系统化、规范化的教育教学活动来培育人才的重任。学校组织不仅具备清晰明确的教育使命，还拥有科学严谨的教育结构，以确保教育教学活动能够有序、高效地展开。在学校组织内部，教学、管理、服务等部门各司其职，相互协作，共同维护教育教学工作的稳定运行。教学部门负责制订和实施教学计划，确保学生能够接受全面、系统的知识传授和能力培养；管理部门则负责学校的日常运营和资源配置，以保障教育教学活动的顺利进行；服务部门则致力于为师生提供优质的学习和生活环境。同时，学校组织并非孤立存在，它还需要与外部环境保持紧密的联系和互动。随着社会的不断变化和发展,学校组织必须及时洞察社会需求和教育发展趋势,灵活调整教育策略,以满足社会对人才的需求。

3. 教育组织与学校组织概念辨析

教育组织与学校组织虽均致力于教育目标的实现,但在概念上却存在显著的差异。首先,从定义范畴来看,教育组织这一概念显然更为宽泛,它涵盖了与教育相关的各类机构和实体,包括但不限于学校、教育行政部门、教育研究所以及教育咨询机构等。相较之下,学校组织则特指那些以教育教学为主要职能的机构,它只是教育组织大家族中的一员。其次,在功能与职责上,教育组织的视野并不仅限于教育教学活动本身。除了教学实践外,教育组织还广泛涉足教育政策的制定、教育研究的开展以及教育资源的分配等多个领域,显现出其多元化和全面性的特点。而学校组织的核心任务则更为聚焦,它主要负责具体的教育教学实践工作,致力于通过系统的教学活动来传授知识、培养技能并塑造学生的品德。最后,在结构和层次上,教育组织呈现出更为复杂的面貌。它不仅包括国家级、地区级等大型教育机构,还涵盖了校级等基层教育单位,形成了一个多层次、多维度的组织架构。相比之下,学校组织的结构则相对简单明了,它主要集中在具体的学校层面,以校园为单位进行教育教学的组织和实施。

(二)教育管理与学校管理

1. 教育管理

教育管理是一个综合性和系统性的概念,它指的是国家层面为了全面贯彻教育方针和实现既定的培养目标,对整个教育系统所进行的一系列精心策划、严密组织、有效控制的连续性活动。这些活动不仅涉及宏观层面的政策制定和资源分配,还包括微观层面的教学实施和质量评估。教育管理行为的发生和发展,始终受到一个国家或地区特定的政治、经济与文化环境的深刻影响。在这些外部环境的制约下,教育管理部门的领导者根据其教育价值观,引导各教育行政部门和学校运用科学管理原理,进行前瞻性的预测与规划,确保教育资源的合理配置和高效利用。同时,通过组织与指导、监督与协调、激励与控制等多元化手段,旨在提升教育质量,增进办学效益,稳定教学秩序,以及持续改善办学条件,从而实现教育系统的整体优化和持续发展。

2. 学校管理

学校管理是学校为实现既定的教育、教学目标而进行的一系列内部管理活动,这些活动由学校的管理人员负责,他们通过综合运用各种管理手段和方法,协调学校内部的各种资源,包括人力、物力、财力以及信息等,以确保学校能够按照教育规律进行正常运转。在这个过程中,学校管理人员不仅需要关注学校内部的各种关系和流程,还需密切关注学校与外部环境之间的互动和影响。通过有效的学校管理,可以优化学校的组织结构,提高教学效率和质量,营造良好的校园文化氛围,从而为学生的全面发展提供有力的支持和保障。同时,学校管理也是学校实现自我完善和提升的重要途径,有助于学校在不断变化的教育环境中保持竞争优势,实现可持续发展。

3. 教育管理与学校管理概念辨析

教育管理这一概念涵盖的内容颇为广泛且复杂,它可以细致地划分为三个不同的管理层面。首先是班级管理,这一层面聚焦于班级组织内部的教育管理活动。在这个微观层面上,管理者需精心规划与实施针对特定学生群体的教学策略和班级秩序维护,确保每位学生能在有序且富有教育意义的环境中成长。进一步扩展到第二个层面——学校管理,即在学校组织框架内进行的综合性管理,这一层面的管理活动不仅涉及教学事务,还包括学校运营、资源配置、师资培养等多个方面。学校管理的核心在于通过高效地组织和协调,优化教育资源的使用,提升整体教育质量,确保学校的教育目标得以实现。最后,达到第三个层面——教育行政,也就是在教育制度或系统层面上的宏观管理,这一层面涉及教育政策的制定、实施与评估,以及整个教育系统的规划与监督。教育行政的目标在于通过政策引导和制度保障,促进教育公平,提高国民教育水平,推动教育事业的持续发展。

二、高校教育组织体系的管理与理论演变

(一)高校组织体系及其管理

1. 高校组织体系

近年来,基于我国实际国情,学校系统得到了持续完善与优化,依据现行教育管理体制及其工作范畴,我国学校体系已细分为多个类型,主要包括职业技术学校、普通高等学校以及成人教育学校等。其中,职业技术学校体系内包含了中等专业学校、技工学校、职业中学,还有初等职业技术学校、高级职业学校以及专业技术学院等多样化教育机构。普通高等学校则涵盖了专科、本科以及研究生院等不同层次的学历教育机构。成人教育学校则广泛涉及广播电视高校、职工高等学校、管理干部学院、教育学院,还包括独立设置的函授学院、网络教育学院,以及由普通高等学校所开设的成人教育课程,如函授部、教师进修班等。此外,还有成人中专学校、成人中学、成人技术培训学校、农民文化技术学校、农业广播电视学校等,这些机构都致力于满足成人学习者的需

求。除此之外，还存在众多提供进修、培训、辅导服务的函授和面授学校，这些学校为求学者提供了灵活多样的学习路径。

2. 高校组织的管理

在我国教育管理的发展历程中，学术界普遍将对学校组织体系外部的管理界定为教育行政，而对学校组织内部的管理则被视为学校管理。作为一种社会组织，学校拥有相对复杂的内部组织结构。在我国，学校的组织结构形式多样，例如直线型组织、职能型组织、直线一职能型组织、委员会型组织、事业部门组织以及矩阵型组织等。对于规模较小的学校而言，它们主要倾向于采用直线型组织结构，不设置独立的职能部门，而是由校长直接领导全体教师；而对于规模稍大的学校，它们则可能更倾向于采用职能型组织或直线一职能型组织结构，校长在此结构下一方面领导各职能部门，另一方面直接领导各年级和各学科的教师及其组织；对于规模较大的学校，其组织机构的纵向和横向分化则显得更为明显和复杂。

目前，我国多数高等院校已实行校长负责制，并建立了教职工代表大会制度，以确保教职工能够畅通无阻地参与到学校的管理中来。同时，这些高校还会定期召开校务委员会会议，以深入研究学校发展过程中的重大问题。此外，它们还建立了以校长为领导核心的职能管理部门，诸如政教处、教务处、科研室、总务处以及校长办公室等，以执行校长的各项决策。在这些职能部门的协同合作下，学校的日常工作得以有序且高效地开展。

（二）高校组织理论的演变

1. 古典组织理论的演变

古典组织理论最基本的哲学观是“经济人”假设。“经济人”假设把人看作经济动物，认为人的行为动机以获得经济利益为取向。对学校组织影响较大的古典组织理论是科层制理论。

（1）科层制理论及其演变

科层制模式是一种组织结构，它以明确的职责分工、自上而下的等级系统、理性原则以及严格的规则和纪律为核心特征。此模式下的劳动分工十分精细，工作任务根据组织的目标和具体工作类型进行详尽的划分，每个成员的职责范围都清晰界定。这种分工不仅提高了工作效率，还促进了专业化的形成，使员工能在特定岗位上深化专业知识，成为该领域的专家。科层制组织中的等级权威结构明显，组织内部遵循严格的等级制度原则，职权关系呈现出垂直分布的特点，构建了紧密的上下级关系网络。在这种结构中，每个员工都受到上一级员工的直接控制和监督，同时，每个员工也被赋予了明确的权威和责任，确保组织运作的有序性。规章制度在科层制模式中占据重要地位。这些规章制度详细规定了每个职位所拥有的权利和应尽的义务，为组织成员提供了明确的工作指南，成员必须严格遵守这些规章制度，从而推动组织形成非人格化的取向。

（2）学校中的科层制理论及其演变

在学校组织中，科层制理论的应用及其演变呈现出一定的特点，学校内部至少存在两类基本的组织结构：一类是负有明确责任制度和管理职能的科层组织，其主要职责包括与社区关系的协调、法律法规的贯彻执行、内部事务的管理、必需资源的获取与分配，以及师生关系的协调等；另一类则是专业组织，专注于实际的教学与学习过程中的技术性问题。对于学校这类服务性组织而言，专业与科层之间的冲突往往源于科层制与专业化的社会控制系统的应用。这种冲突在学校的日常运营与管理中表现得尤为突出，需要通过不断的调整与优化来寻求二者之间的平衡与协调。

2. 新古典组织理论的演变

新古典组织理论是在对早期组织理论进行分析比较的基础上提出来的，新古典组织理论发展后期的系统理论及其在学校中的影响如下：

（1）协作系统理论及其演变

协作系统理论在新古典组织理论中占据着重要地位，它强调正式组织与非正式组织的并存与统一。这一理论与古典组织理论只关注正式组织、人际关系理论仅聚焦于非正式组织的观点形成鲜明对比。在协作系统的视角下，组织被视为一个复杂的协作网络，其中正式组织负责明确的结构、规则和流程，而非正式组织则通过情感、信任和共同价值观来维系成员间的关系。权限在正式组织中不仅是命令和信息沟通的手段，更体现了组织成员对自己贡献行为的支配权。随着理论的演变，协作系统观念逐渐深化，它开始关注如何在正式与非正式组织之间找到平衡点，以优化组织的整体效能，这种平衡不仅涉及结构和流程的设计，还包括对组织成员行为、动机以及组织文化的深入理解和管理。

（2）非正式组织理论及其演变

组织理论的发展逐渐认识到，组织并非仅仅是正式结构的集合，而是正式组织与非正式组织的统一体。这一观点凸显了非正式组织在整体组织运作中的关键地位。非正式组织，作为一种基于感情和逻辑关系建立的人际关系系统，在所有正式组织中都会自发地形成，并对正式组织的运作产生深远影响。这种影响可能是建设性的，如增强团队凝聚力、提高信息传递效率；也可能是破坏性的，如形成小团体、阻碍变革。非正式组织至少发挥着三方面的作用：一是作为有效的沟通工具，促进信息的快速传播和共享；二是形成凝聚力的手段,通过共同的兴趣、价值观和情感联系将成员紧密团结在一起;三是维护个体诚实的工具,通过非正式规范和社会压力促使成员遵守承诺、保持诚信。随着理论的演变,非正式组织的重要性越来越被重视,如何管理和引导非正式组织以服务于整体组织目标成为研究的热点。

(3)学校中的教师团队

为防止校长主观决策,应鼓励教师参与学校决策,增强其归属感和责任感,促进民主、科学管理氛围的形成。同时,需重新定义教师在校角色,建立专业控制的网络结构,充分发挥其专业优势,推动教育教学改革。学校应逐步以网络化决策结构替代传统层级结构,扩大教师权威和影响力,激发其工作热情和创新精神。此外,教职工代表大会应发挥作用,促进学校民主化管理。教师发展方面,可建立非行政性专业组织,提供交流学习平台,提升教师素养。倡导教师专业自治,鼓励团队合作,促进整体素质提升和校园文化氛围的形成。在生活需求上,学校应平衡教师物质和精神需求,建立激励机制,关注教师自尊和价值需求,丰富文化生活,增强教师幸福感和满意度,增强对学校的认同感,构建和谐校园。

表 1–1　高校教育组织体系的管理与理论演变

类别	子类别	主要内容
高校组织体系	学校类型	职业技术学校、普通高等学校、成人教育学校等
	职业技术学校	中专、技校、职业中学等
	普通高等学校	专科、本科、研究生院等
	成人教育学校	广电大学、职工高校、管理干部学院等
高校组织的管理	管理结构	直线型、职能型、直线_职能型等
	管理机制	校长负责制、教职工代表大会制度、校务委员会等
	职能部门	政教处、教务处、科研室、总务处等
高校组织理论演变	古典组织理论	经济人假设、科层制理论
	科层制特点	职责分工明确、等级系统、理性原则、严格规则
	学校应用	科层组织与专业组织的并存与冲突
	新古典组织理论	协作系统理论、非正式组织理论
	协作系统理论	正式组织与非正式组织的并存与统一
	非正式组织理论	基于感情和逻辑关系的人际关系系统
	学校教师团队	鼓励参与决策、专业控制网络、团队合作等

第二节　高校环境与校园文化建设

一、高校的环境建设

（一）环境的分类

1. 内部环境与外部环境

在组织与环境的交互关系中，环境可细致划分为内部环境和外部环境。内部环境，主要指的是位于组织边界之内，与组织内部个体的决策行为具有直接关联性的自然与社会因素。这些因素涵盖了组织的目标设定、产品和服务的内在特性，以及组织内部的沟通机制等。由于内部环境主要由组织自身的文化积淀、管理体系和运营条件所塑造，管理者具备对其进行自主调节和主动创新的能力。相对而言，外部环境则指那些位于组织边界之外，但同样与组织内部个体的决策行为密切相关的自然与社会因素。例如，顾客的需求变化、竞争对手的战略动态、供应商的合作态度，以及行业协会的规范要求等。外部环境作为组织外部客观存在的因素，其变化不受组织内部管理者的直接控制，因此在多数情况下，组织需要采取灵活策略以适应外部环境的变化，并在条件允许的情况下，尝试对其施加一定的影响。

2. 硬环境与软环境

从构成要素的特质出发，组织环境可进一步细分为硬环境和软环境。硬环境主要指的是组织所处的地理位置、拥有的资源储备、建设的基础设施，以及保障运营的基本条件等物质性环境。这些“硬件”环境为组织的日常运作提供了必要的物质支撑。与硬环境相对应，软环境则是指那些非物质性的外部因素和条件，如政策法规的支持程度、文化传统的深厚底蕴、制度体系的完善程度、法律法规的规范作用，以及社会思想观念的开放程度等。随着社会对教育价值的日益重视和教育均衡化政策的深入推进，学校之间在硬环境建设上的差距正逐渐缩小。因此，学校的发展前景和竞争优势更多地取决于其软环境的营造。这就要求学校管理者不仅要积极争取政策层面的扶持和民意方面的支持，还要与教育行政部门及社会各界保持密切合作，共同为学校创设一个更加有利的软环境。

3. 一般环境与具体环境

根据环境对组织作用力的强度和范围，环境还可分为一般环境和具体环境。一般环境，通常指的是对某一特定社会中的所有组织或个人都具有普遍影响的环境因素。这种影响往往具有广泛性、间接性和深层性的特点。例如，社会的政治环境不仅决定了学校的政治方向和阶级属性，还在深层次上影响着学校的教育理念和教育内容的选择；经济环境则通过制约教育投资的规模和方向，从而间接地影响着学校教育的整体规模和发展速度。而具体环境，则是指那些对管理者的具体决策和行为产生直接影响，并与实现组织特定目标密切相关的环境因素。对于学校而言，其具体环境包括政府及教育行政部门的政策导向和资源支持、所在社区的文化氛围和社区资源、学生家庭的背景和教育期望、同类同级学校的竞争态势和合作机会、其他社会服务部门的协作关系，以及社会教育机构的教育资源和服务等。

（二）高校的环境管理

1. 信息采集与环境监测

在持续变化的教育生态中，学校所依存的外部环境始终处于动态演变之中，这种变化可能是细微的，也可能是剧烈的，但其速度和范围都是不可预测的。因此，为了保障学校的稳健运营和持续发展，建立一套高效的信息采集系统显得尤为重要。这一系统的核心功能在于实时监测外部环境的各项变动，从而能够及时捕捉到任何可能影响学校运营的风险因素。通过这样一套预警机制，学校可以在第一时间对外部环境的变化做出响应，避免因反应滞后而造成的潜在损失。

2. 信息分析与环境适应

在复杂多变的教育环境中，学校所接收到的信息是纷繁复杂、无序混杂的，这些信息在未经过有效处理之前，很难直接为学校管理者提供有价值的决策支持。因此，学校管理者需要具备对海量信息进行深度加工和分析的能力，以准确判断哪些外部因素将对学校的发展产生实质性影响。在处理这些信息时，管理者应善于把握核心要点，去粗取精，从而提炼出对学校发展具有指导意义的关键信息。这不仅要求管理者具备敏锐的市场洞察力和判断力，更需要他们能够通过科学的信息分析方法，为学校制定出符合当前环境和发展趋势的战略规划。

3. 组织变革与环境塑造

组织与环境之间存在着一种相互影响、相互塑造的动态关系，环境在不断地影响和塑造着组织，而组织也通过自身的行为和策略来反作用于环境，这种相互作用共同推动着组织和环境的协同演进。组织学习理论为提供了一种新的视角来看待这种关系：组织在学习和适应环境的过程中，不仅被动地接受环境的影响，也积极地通过自身的行为和策略来影响和塑造环境。这种能动性体现在组织可以利用自身的资源和能力来影响环境的走向，使其更加符合组织的发展需求。因此,学校作为一种特殊的组织形式,在面对外部环境的变化时,应积极寻求变革和创新,通过调整自身的结构和策略来更好地适应和塑造环境,从而实现与环境的良性互动和协同发展。

(三)高校与环境的关系

1. 被动适应

在学校管理的实践中,被动适应主要表现为学校管理者对环境因素的重要性认识不足,缺乏主动把握环境变化的意识和能力。他们往往只有在环境因素产生显著压力时,才被迫做出应对性的调整。例如,当生源出现大幅度萎缩时,学校才不得不采取小班化教学的方式来应对师资冗余的问题。这种被动适应的策略虽然能够在一定程度上帮助学校应对眼前的困境,但放弃了通过主动努力来影响和改变环境的机会。长此以往,学校可能只能勉强维持生存,而难以实现真正的发展。为了突破这种局限,学校必须采取更加主动的战略行为来抵御外界的变化,并积极寻求影响和改善环境的途径。通过积累知识、打造核心竞争力等策略,学校可以主动塑造有利于自身发展的环境,从而在实现可持续发展的道路上迈出坚实的步伐。

2. 有效管理

传统观念中,人们往往将组织与环境的关系视为对立的两面,认为组织要么被动地适应环境,要么主动地应对环境。然而,这种认识过于简化了组织与环境之间的复杂关系。实际上,组织与环境是相互依存、彼此影响的,它们之间的关系不是简单的决定与被决定的关系,而是一种动态的、交互的影响过程。因此,学校在管理过程中应寻求被动适应与主动应对的整合与统一,以实现与环境关系的和谐共处和协同发展。这就要求学校管理者既要具备敏锐的环境洞察力,能够及时捕捉到环境的变化并做出适应性调整,又要具备强大的组织变革能力,能够主动引领和推动学校的变革与发展。通过有效管理,学校可以在与环境的互动中不断提升自身的竞争力和适应能力,从而实现长期稳定的可持续发展。

二、高校的校园文化建设

(一)高校的校园文化

1. 校园文化的特征

(1)教育的鲜明性与目标的明确性

学校作为社会中的教育机构,其本质属性决定了学校文化必须以教育为核心，这种教育性不仅体现在显性的教学活动中，更渗透于隐性的文化氛围之中。学校应当营造一个充盈着文化气息的环境，让师生员工在日常的学习与工作中，能够感受到文化的熏陶与感染。为此，学校管理者需要具备高度的文化自觉，善于运用文化的力量来引领学校的发展。在构建学校文化时，必须紧紧围绕育人的根本目的来进行精心设计。这意味着学校文化不仅要蕴含特定的教育愿景，还要明确具体的育人目标。通过文化的传递与影响，学校期待每一位师生员工都能够积极回应并内化这些目标，从而在日常的言谈举止中展现出与学校文化相符的特质。最终实现文化育人的目标，让学校成为真正意义上的文化高地。

(2)内容的综合性与形式的多样性

学校文化在纵向上应展现出包容性，能够吸纳古今中外的优秀文化成果，为师生提供丰富的精神滋养。同时，在横向上，学校文化还应具备统合性，即能够将各种文化元素有机融合，形成一个和谐统一的整体。这不仅有助于师生培植深厚的文化底蕴，还能够引导他们放眼世界、开阔视野。为了满足这一要求，学校文化不能仅仅局限于课堂文化，而应包含多种多样的文化形式。例如，制度文化通过规范师生的行为，塑造良好的教育教学秩序；行为文化则通过学风、教风与校风的建设，展现学校的精神风貌；物质文化则通过校园建筑、雕塑等实体设施，营造宜人的学习环境。这些文化形式共同构成了学校文化的丰富内涵，为师生的全面发展提供了有力支持。

(3)吸收的选择性与释放的辐射性

学校文化在构建过程中，应保持开放的态度，积极吸纳外界的优秀文化元素，然而，基于学校本身的特殊性，它不可能对所有文化因素进行无差别的吸收。因此，学校在进行文化吸收时，必然要进行筛选、过滤和升华，以确保所形成的文化体系既符合学校的教育理念，又能够满足师生的精神需求。一旦学校文化形成并趋于成熟，它就需要通过各种渠道释放出来，以产生广泛的文化影响力。学生是学校文化释放的首要对象，他们在校园生活中深刻感受着学校文化的熏陶，并将其内化为自身的行为准则；同时，教职员工也会在学校文化的影响下，形成独特的教育理念和工作风格。优质的学校文化还将进一步扩散到周边社区乃至更广泛的社会范围，对社会文化产生积极的辐射作用。

(4)要求的隐蔽性与时效的滞后性

尽管学校文化在育人方面具有明确的目标指向性，但这些要求往往并非以直白的方式呈现出来。相反，它们更多地隐含在各种教育教学活动与环境之中，通过潜移默化的方式影响着师生员工。这种隐蔽性的要求使得学校文化能够在无意识层面发挥作用，让师生员工在不知不觉中接受并内化某些共同的价值观和行为准则。同时，学校文化的育人效果往往具有一定的时效性滞后性。这意味着学校文化的真正价值并非立即显现,而是需要在时间的推移中逐渐显现出来。因此,在评估学校文化的育人效果时,需要保持足够的耐心和长远的视角,以全面、客观地评价其对于学校发展和师生成长的深远影响。

2. 校园文化的类型

(1)家庭式文化

家庭式文化的学校,其氛围常被比喻为一个大家庭或紧密的小组。在这种文化背景下,校长往往被描绘成如同家长般的存在,无论是强势还是温和,都扮演着养育者、朋友、兄弟姐妹或教练的角色。这类学校强调的是成员间的相互关心与扶持,每个成员都愿意超越自身的职责范围,为学生提供全心全意的关怀与帮助。每个人都欣然成为这个大家庭的一部分,并愿意为其贡献自己的力量。然而,这种文化也可能导致组织结构的松散,对教学和管理质量的把控可能不够严格。

(2)机械式文化

在机械式文化的学校中,整个学校被视为一架精密的机器,无论是运转顺畅还是生锈停滞,其驱动力主要来源于严密的组织结构。这种文化强调学校的工具性意义,将学校比作一架机器,突显了其严谨、高效和有序的特点。然而,这种文化也可能存在过度强调规则和流程,而忽视个体需求和创造性的倾向,有可能使员工感到被工具化。

(3)表演式文化

表演式文化的学校则更像一场由深受喜爱的艺术家们呈现的精彩演出,无论是马戏、百老汇歌舞、宴会还是编排精美的芭蕾舞,都充满了激情与活力。在这种文化中,教师们与在家庭式文化中的同事一样,积极参与与群体相关的社会活动。这种文化关注教学质量,教师们对自己的工作充满热情,然而,这种文化对校长的领导能力提出了更高的要求,需要校长具备更强的组织协调和激励能力,以保持团队的凝聚力和教学质量。

(二)高校校园文化建设的策略

1. 发挥校园文化建设各主体的作用

(1)学校管理者应肩负设计师与倡导者的双重角色

学校管理者需明确自身在学校组织架构中的定位,将构建学校文化视为核心职责,管理者不仅要处理日常校务和执行上级指令,更需对学校文化建设进行深入思考,并形成系统的工作策略与具体规划。他们应从文化的高度审视学校的每项工作,确保每项活动都蕴含深厚的文化价值。管理者应站在时代文化的前沿,以学校的核心价值观为指引,带领学生与教师共同前进,实现社会主流文化与学校文化建设的有机融合。他们的首要任务是对学校文化发展进行战略规划，并将这一蓝图转化为全体师生的共同愿景和奋斗目标。此外，管理者还需具备敏锐的形势洞察力，准确把握学校发展方向，为学校未来发展制定精准定位。

(2)教师在学校文化建设中的桥梁作用

教师在学校文化建设中扮演着举足轻重的角色，他们不仅与学校管理者共同设计学校文化，还将学校倡导的文化理念有效传递给学生。实践学校文化理念的主要途径是在学科建设和课堂教学活动中融入这些理念。这些活动是师生价值观、行为规范、思想意识和情感态度最为集中、稳定和基本的体现。教师需提升的不仅限于专业知识和教学技能，更包括自身的文化素养。教师对学生的全方位影响日益显著，尤其在道德品质、行为习惯和人格修养方面。具备高品位的文化素养的教师，方能在非知识领域给予学生恰当的引导。

(3)学生作为学校文化的承载者与建设者的双重身份

学校的各类文化，如课程文化、教学文化、研修文化等，均以学生为目标指向，因此，学校文化最终体现在学生身上，学生成为学校文化的承载者。然而，学生并非被动的文化“容器”，而是积极参与和改造学校文化的主体。在各类社团、文艺、体育和节庆活动中，学生的积极参与是这些活动教育意义的关键。学校管理者应精心设计、细致安排各类活动，教师则需全力配合、热情协助，以激发学生的主动参与和充分展现。在学校文化建设中，应充分发挥学生的作用，体现民主性、生成性和发展性。这意味着管理者和教师需增强学生的主人翁意识，尊重他们的民主权利，并调动学生的主动性和创造性。通过培养、教育、转化等方式，让学生获得深刻的文化体验。同时，学校文化应是动态、开放和多元的，包容学生文化中的不同部分，并通过引导和创新使学生文化朝正确方向发展。

2. 推进校园文化的建设

(1)分段开展学校文化建设活动

学校文化的形成一般要经历7个阶段：①孕育。学校领导在调研的基础上，综合前人教育思想和外校经验，逐渐形成自己的办学思想，初步孕育出办学理念的轮廓。②选择办学理念。办学理念必须立足于本校的具体特点，根据自己的目的、环境要求和组成方式等特点选择适合自身发展的办学理念。③倡导与实施。学校领导通常利用各种媒体和培训活动来倡导其办学理念，通过自身的言传身教和重大事件的成功处理，促进教职员工对重要价值观和行为准则的认同。④碰撞与磨合。任何一种新的办学理念与原有的学校传统都存在一个调适的问题，两者之间需要一段时间来整合。⑤逐步完善。建立必要的保障制度，促进办学理念的实施，使业已形成的组织文化走向完善。

⑥定型化。在一以贯之的努力下,学校文化趋于固定。⑦新的发展。随着时代的变迁,已经定型化了的学校文化需要有新的发展。

(2)学校文化理念的内化与外化过程

从某种视角来看,学校文化建设本质上是一个将文化理念进行内化和外化的动态过程,校园的物质环境和各种设施,以其直观且具象的特点,无声地传递着设计者、建设者和使用者的价值观和审美观。当这些物质元素被赋予独特的文化意蕴和风格时,它们便能在无形中塑造和影响学校成员的思维方式和行为模式。此外,学校的组织生活,如教研组、年级组、班级等,也是文化理念具体化的重要载体,通过这些组织生活,可以形成富有特色的组织文化。最终,文化建设的深层次目标是使文化理念深入每个人的生活方式中,成为学校管理者、教师和学生日常行为的一部分,这通常需要与学校整体改革相结合。然而,从学校文化建设的角度来看,必须有意识地推动这一目标的实现。

(3)提高学校管理者的领导水平

校长在学校文化建设中扮演着举足轻重的角色,这就要求他们必须努力提升自己的领导层次。有研究指出,校长的领导层次可以分为 5 个等级:技术领导,主要关注具体工作计划的制订等技术性事务;人际领导,擅长沟通和激励教职员工;教育领导则在教学业务上表现出色,并能对其他教师提供指导和建议;行政领导通过以身作则来树立榜样;而文化领导则更侧重于价值观的引导和塑造,为了推动学校文化的深入发展,校长们需要不断向更高层次的领导水平迈进。

第三节　高校管理的理论透视

一、高校管理的认知

(一)高校管理的主体与内容

1. 高校管理的主体

(1)高层管理者

高层管理者在高校管理体系中占据着举足轻重的地位,他们是学校的领导核心,这些管理者不仅负责制定学校的发展战略、长远规划和具体管理政策,还需确保这些策略与政策能够紧密结合学校的实际情况,以适应不断变化的外部环境。他们具备高瞻远瞩的战略眼光,能够洞察教育行业的发展趋势,并据此做出明智的决策。同时,高层管理者的决策能力也是其关键素质之一,他们需要在复杂多变的情况下,迅速而准确地做出决策,引领学校稳步朝着既定的目标前进。他们的领导力和决策力对高校的整体发展起着至关重要的作用。

(2)中层管理者

中层管理者在高校管理体系中发挥着不可或缺的作用,他们扮演着承上启下的关键角色。这些管理者不仅需要将高层管理者的决策和意图转化为具体可行的行动计划,还需确保这些计划能够得到有效实施。为了实现这一目标,中层管理者需要运用自己扎实的专业知识和丰富的实践经验,对各项任务进行细致入微的规划和组织。同时,他们还需具备较强的组织协调能力,以便在跨部门、跨团队的合作中发挥出最大的协同效应。中层管理者的专业素养和综合能力,对于确保高校管理工作的顺畅进行和提升整体运营效率具有至关重要的意义。

(3)基层教职员工

基层教职员工是高校管理工作的基石,他们是各项任务和政策的最终执行者,这些员工直接参与到教学、科研、学生管理等一线工作中,为学生提供最为直接和优质的教育服务。他们的专业素养、工作态度以及与学生之间的互动方式,都直接影响着学生对高校教育的整体感知和评价。因此,提升基层教职员工的专业能力和服务意识,对于提高高校的管理水平和教育质量具有至关重要的意义。同时,基层教职员工也是高校文化的重要传承者和弘扬者,他们的言谈举止对于塑造和传递高校的核心价值观起着举足轻重的作用。

2. 高校管理的基本内容

(1)教学管理

教学管理在高校运营中占据着举足轻重的地位,它是高校管理的核心内容之一,涵盖了教学计划的精心制订、课程体系的科学设置以及教学质量的严密监控与评估等诸多关键环节。通过实施科学的教学管理策略,高校能够确保教学秩序的稳定性和教学质量的稳步提升,不仅有助于培养学生的综合素质,还能为高校赢得良好的社会声誉和教育口碑。

(2)科研管理

科研管理在高校科研创新工作中扮演着关键角色,其目标在于推动科研项目的深入探索和创新成果的产出。科研管理涉及科研项目的策划与申报、科研经费的合理分配与管理、科研成果的有效转化与应用等多个层面。实施有效的科研管理策略,能够充分激发教师的科研热情,挖掘科研团队的潜力,进而提高学校的整体科研水平和学术影响力,对于提升高校的学术地位、培养创新人才以及推动科技进步具有深远影响。

(3)学生管理

学生管理是高校运营中不可或缺的一环,它涉及学生的全面发展和成长环境的营造,学生管理工作包括招生录取的公正公平、学籍管理的规范有序、日常行为规范的制定与执行以及就业指导的精准有效等方面。通过实施精细化的学生管理策略,高校能够为学生提供一个优质的学习环境和广阔的成长平台,进而促进学生的全面发展,提升其综合素质和社会适应能力。

(4)人力资源管理

人力资源管理在高校运营中发挥着至关重要的作用,它主要负责高校教职员工的全面管理和优化配置。具体工作包括教职员工的招聘与选拔、培训与提升、绩效考核与激励以及薪酬福利的设定与调整等。通过实施合理的人力资源管理策略,高校能够优化师资结构,提高员工的工作满意度和忠诚度,进而提升整体教学质量和科研水平。

(5)行政管理

行政管理在高校日常运营中扮演着重要角色,涉及高校各项行政事务的高效处理和协调。行政管理工作包括文件的规范管理、会议的精心组织、后勤保障的完善以及校园安全等多个方面。通过实施高效的行政管理策略,高校能够确保各项工作的顺利开展,为师生提供优质的服务和支持。这不仅有助于提升高校的整体运营效率,还能为高校创造一个和谐稳定的教学与科研环境,为高校的长远发展奠定坚实基础。

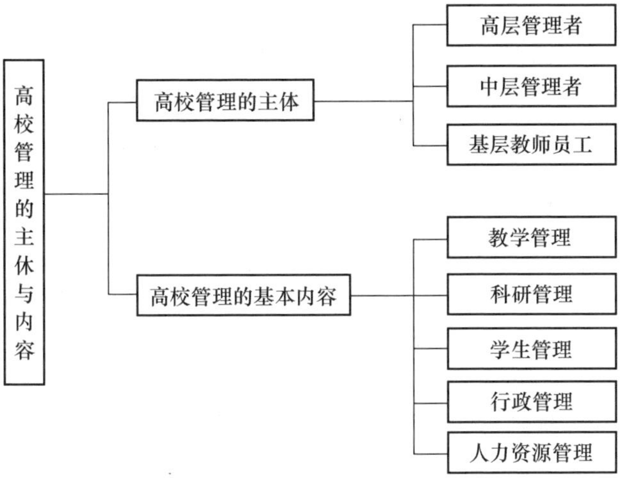

图 1-1　高校管理的主体与内容

(二)研究高校管理的主要原因

1. 研究高校管理是为了发现和认识学校管理规律

研究学校管理离不开对学校管理现象的认识,而对学校管理现象的认识则有助于发现和认识学校管理的客观规律。学校管理过程中出现的诸多学校管理现象,能够体现出其自身发展的内在逻辑,还能够反映出它的变化趋势。学校管理现象不受学校管理人员的态度和思想的控制,它具有稳定性和规律性。因此,学校管理人员可以深入分析学校管理现象的发展趋势和变化原因,以便对其有一个科学准确的认识。当学校管理人员对学校管理现象发生原因的剖析越发深入、细致,就越能够挖掘影响学校管理现象变化趋势的内在逻辑,也就能够依照学校管理的本质和规律进行管理活动。

2. 研究高校管理的目的是科学规范学校管理行为

学校管理行为主要表现为三种类型:其一,学校管理人员无视学校管理规律,将自己的思想凌驾于规律之上,这种管理方式是荒谬的,必须加以修正;其二,学校管理人员将经验放在首位,认不清客观规律的重要性;其三,学校管理人员积极正确地认识学校管理的客观规律,根据客观规律进行管理活动,这是值得肯定和推崇的管理行为。

3. 研究高校管理的目的是发现并探索出学校管理的延伸点

人们对学校管理的客观规律的掌握并不是简单的事情,尽管许多人对学校管理现象的规律有一定认识,却无法保证他们会自主遵循客观规律来进行学校管理活动。因此,必须采取全面科学的方法和举措对学校管理现象及客观规律进行深入分析和探究,比如对显性学校管理规律和隐性学校管理规律的探究,对动态学校管理规律和静态学校管理规律的探究,对普通学校管理规律和特殊学校管理规律的探究等。经过对学校管理规律的不断分析研究,找到其延伸点,有助于学校管理朝着更加准确合理的趋势发展。

(三)教育管理与学校管理的关系

教育管理作为一个宏观的概念,涵盖了整个教育系统的规划、组织、指导、协调和控制等各个方面,旨在确保教育目标的顺利实现和教育资源的高效利用。它涉及教育方针政策的制定、教育体制机制的改革、教育资源的配置与优化等诸多层面,为各级各类学校提供了明确的发展方向和基本的管理框架。相比之下,学校管理则更侧重于微观层面的实践操作,它关注的是学校内部各项事务的具体组织和实施。学校管理以教育管理为指导,结合学校自身的实际情况和特点,制定并执行具体的管理措施和办法,以达成学校的教育目标。这包括但不限于教学管理、学生管理、教职工管理、后勤管理等多个方面,每一项都需要精心设计和有效执行,以确保学校整体运行的有序性和高效性。

(四)高校管理与行政管理

高校管理与行政管理在教育领域中各自扮演着重要的角色,并存在着一定的联系与区别。高校管理主要针对高等教育机构,其核心目标在于提升教育质量、促进学术研究和服务社会。这涵盖了教学计划的制订与执行、科研活动的组织与推动、学生事务的管理与服务以及校园文化的培育与传承等多个层面。高校管理注重学术自由与创新的维护,同时强调规范与效率的结合,以支撑高校的整体发展和使命实现。行政管理则更侧重于高校内部行政事务的组织与协调,确保高校日常运营的顺畅进行,包括人事管理、财务管理、物资管理、后勤保障等诸多方面,每一项都对于高校的正常运作至关重要。行政管理在高校中扮演着执行与服务的角色,旨在为教学、科研等核心活动提供有力的支持和保障。尽管高校管理与行政管理在职责上有所区分,但二者在实际操作中往往相互交织、密切配合,高校管理需要行政管理的有力支撑,以确保各项决策和措施的有效实施;而行政管理也应紧密围绕高校的整体发展目标,不断优化服务流程,增强管理效能。

二、高校管理的理论基础

(一)科学管理理论

科学管理理论的主要观点:一是在科学手段治理之下,工作人员需要将过去的知识整理汇总,并进行统计、分类,完成一份完整的操作规范与流程制度,帮助工人更好地完成日常工作。二是总结工作的操作步骤和方法,替代以前的依靠经验的工作方法。三是更加精准地选择工人,开展相关的辅导工作,让其成长起来。这与过去让工人自主选择工作、根据自身情况进行训练有很大区别。四是充分配合工人的工作,保证安排的工作内容都可以依照事先制订的计划开展。五是将管理人员和工人的职责平均分配。管理人员要负责相比工人而言更擅长的工作内容,之前,管理人员是把大部分工作内容都分配给工人。

(二)一般管理理论

经营与管理为组织运作的两大核心,却各有侧重,经营旨在引领组织达成预定目标,涵盖技术、商业、财务、安全、会计及管理等多项活动。而管理,作为经营活动的子集,由计划、组织、指挥、协调与控制五大要素构成,特别强调对未来的预见性,这种预见不仅是对未来状况的预测,更包含为应对未来所做的准备与行动。计划工作在不同情境下呈现多种形式,其中行动计划详尽记录了实现目标的所有方式、手段和过程,是计划内容和安排的全面展示。组织则涉及结构、活动、关系规章制度以及员工的招募、评价和训练,其效率高低与员工素质和创造力密切相关,故员工的选择、评价和训练尤为重要。指挥在于确保社会组织有效运作,通过合理分配领导权,使各领导者承担相应任务与职责,从而最大化员工的贡献。协调则要求组织内各项工作和谐配合,以确保经营顺利进行并取得成功,需明确各部门任务与相互关系,并随环境变化调整计划。

(三)科层制理论

"科层制"理论阐述了一种依据理性思维设定的高产能、理想型的工作方式,其中对于团队工作分工和各个级别的设置是该理论体系的重要组成部分。韦伯提出在高效的团队管理系统中,为了更好地完成任务,需要把各个步骤都拆分成一项项基础的工作,然后将其分配给团队的每个成员。在这样精细的划分下,团队中的每一个流程都有固定的人员进行工作,团队中的工作人员之间并不会因为个人情感而影响工作,可以按照理想的规则开展工作。同时,团队要明确指定每个工作人员的责任和权利范围,使得员工可以准确地执行任务。

(四)需要层次理论

1. 生理的需要

生理的需要是指人类对维持生存、延续生命的基本的物质需要,如对食物、水、住房等物质条件的需要。人们有关生理的需要是第一位的、最优先的需要

2. 安全的需要

安全的需要是人们为了规避危险和威胁等的需要,具体包括稳定、有依赖等方面的需要,如对人身保险、医疗保险、食品卫生、住房保障等方面的需要。当生理需要满足时,人们就会追求安全的需要。

3. 社交的需要

社交的需要是指人们对感情和归属的需要,包括人们对朋友、亲人、团体家庭等正式或非正式组织的物质期待等。一个人的物质需要和安全需要获得了相对的满足后会产生社交的需要,若一个人不被他人或集体接受,则将会产生孤独感、自卑感、精神压抑、心情郁闷等体验。

4. 尊重的需要

尊重的需要是指人们对地位和受人尊重的需要,包括自尊心、自信心、成就、名誉等外界对自我的尊重和自己对自我的尊重等需要。

5. 自我实现的需要

自我实现的需要是指一个人要实现自己的理想,并能不断地自我创造和

发展的需要，包括他寻求最适宜的工作，发挥他的最大潜能，表现他的情感、思想、愿望、兴趣、能力、意志和特性等方面的需要。

（五）双因素理论

双因素理论，亦被称为“激励、保健因素理论”，由赫茨伯格提出，该理论将工作本身或工作内容方面的因素（例如成就、赏识、工作本质、责任、晋升、成长等），这些能够引发员工满意感的要素，定义为激励因素。相对应地，那些涉及工作环境或工作关系，容易导致员工不满的要素（如政策与管理、监督、与上级的关系、工作条件、薪资、与同事的关系、个人生活、与下级的关系、地位、安全等），则被归类为保健因素。保健因素的作用类似于卫生保健对身体的影响，主要在于预防疾病，而非直接提升健康水平。类似地，在工作环境中，保健因素虽不能直接激励员工，但能有效预防员工产生不满情绪。当这些保健因素得到改善时，员工的不满情绪会随之消解，但并不会引发积极的工作态度，而是使员工处于一种既非满意也非不满的中性状态。唯有激励因素，才能有效激发员工的满意感和积极性。

（六）人际关系理论

人际关系理论，作为早期行为科学的重要组成部分，从人本视角出发，通过实验手段深入探讨了管理过程中人的因素对管理效率的影响，为学校管理者提供了新的思考维度。由此可见，对于学校管理效率的提升，不能仅从学校组织的角度进行规划设计，亦不能完全依赖科学的工作分析方法。提高学校管理效率的关键在于构建和谐的人际关系。在人际关系理论的影响下，越来越多的学校领导者开始重视教职工在学校管理中的核心地位，并着手探索民主管理的理念及其实践。教师参与管理的理念和做法体现了教育管理领域的新趋势，学校领导者必须深刻认识到，教职工和学生才是推动学校发展的根本动力。因此，领导者应关注教职工和学生的心理及社会需求，重视他们的满意度和内在动机，从而有效激发教职工和学生的积极性与主动性。

第二章　创新就业教育的理念与框架

第一节　创新就业教育的内涵与原则

一、创新就业教育概述

(一)创新就业教育的概念界定

创新就业教育,作为一种前沿且实用的教育理念与实践,其核心目标在于深入培育学生的创新思维及就业能力。这一教育模式通过精心整合各类教育资源,包括课程内容、教学方法、实践平台等,力求打造一个全方位、多层次的教育体系。在此过程中,优化教育过程成为关键,它不仅关注学生的知识获取,更重视学生能力的提升和素质的培养。通过创新就业教育的实施,学生得以系统掌握适应未来职场需求的各类知识与技能,其中包括专业技能、沟通协作能力、问题解决能力等。同时,该教育模式还着重培育学生的创新意识,鼓励他们勇于挑战传统,敢于探索未知,从而在未来的职业生涯中能够持续创新,为社会发展做出贡献。此外,创业精神的培养也是创新就业教育不可或缺的一部分。面对日益严峻的就业形势,单纯的就业准备已不足以应对未来的挑战。因此,教育学生具备创业的思维和能力,成为解决就业问题的重要途径。通过培养学生的创业精神,不仅能够提升他们的就业竞争力,还能够激发他们的创业热情,为社会的经济发展注入新的活力。

(二)创新就业教育的核心要素

1. 创新思维培养

创新思维培养在创新就业教育中占据着举足轻重的地位,它不仅是教育目标的核心,更是推动学生个人发展和社会进步的重要力量。创新思维,顾名思义,是指能够突破传统思维定式和惯性思维,勇于探索新领域、提出新观点、创造新价值的思维方式。在快速变化的时代背景下,具备创新思维的人才显得尤为重要。为了有效培养学生的创新思维,教育过程中应采取多种策略和方法。创设问题情境是一种行之有效的手段,通过提出具有挑战性和开放性的问题,引导学生进行深入思考,激发他们的好奇心和探索欲。此外,开展头脑风暴活动也是一种常用的方法,它鼓励学生自由发表意见,相互碰撞、激发灵感，从而产生新的想法和解决方案。在实施创新思维培养的过程中，教育者还应注重培养学生的批判性思维能力和跨学科整合能力。批判性思维能够帮助学生对既有观点进行独立思考和分析，形成自己的见解和判断；而跨学科整合能力则能够使学生从多个角度审视问题，拓宽思维视野，提高解决问题的效率。

2. 职业技能提升

在竞争激烈的就业市场中，具备扎实的职业技能是求职者脱颖而出的关键。因此，创新就业教育必须高度重视学生职业技能的培养和提升。职业技能不仅包括具体的专业知识和技能，还涉及职业素养、实践操作能力以及职业道德等多个方面。在专业知识传授方面，教育者应确保学生掌握所在领域的基本理论和核心知识，为后续的职业发展奠定坚实基础。同时，实践操作能力的训练也至关重要，它要求学生能够将所学知识应用于实际工作中，解决具体问题。为了实现职业技能的全面提升，教育者还应注重培养学生的职业素养和职业道德。职业素养是指学生在职业活动中所表现出的综合素质，包括沟通能力、团队协作能力、创新能力等；而职业道德则是规范学生职业行为的重要准则，它要求学生能够秉持诚信、敬业、负责的态度对待工作和同事。

3. 创业精神培育

随着经济的全球化和科技的迅猛发展，创业已成为越来越多年轻人实现职业梦想和价值追求的重要途径。因此，培育学生的创业精神不仅有助于缓解就业压力，还能为社会创造更多的就业机会和财富。创业精神的核心在于自主创业的意识和能力。这要求学生具备敏锐的市场洞察力，能够发现并抓住商业机会；需要具备坚韧不拔的毅力和勇于面对挑战的勇气，以应对创业过程中可能遇到的种种困难和挑战。为了有效培育学生的创业精神，教育者应通过开设创业教育课程、举办创业实践活动等方式提供全方位的支持。创业教育课程能够帮助学生系统地了解创业的基本知识和流程，提高他们的创业意识和能力；而创业实践活动则能使学生亲身参与创业过程，积累实战经验，为未来的创业之路做好充分准备；此外，教育者还应积极邀请成功创业者分享经验，为学生提供宝贵的指导和建议。

4. 适应能力强化

在日新月异的现代社会中，职场环境的快速变化已成为常态，因此，适应能力成为学生必备的核心素养之一，对于其未来的职业发展具有举足轻重的作用。创新就业教育深知这一点，故将适应能力强化作为教育的重要目标。强化学生的适应能力，首先需要帮助他们树立良好的心态。心态决定行为，一个积极、开放的心态能够让学生更加从容地面对变化，勇敢地接受挑战。教育过程中,应注重培养学生的心理韧性,教会他们如何在压力与困境中保持冷静与乐观,从而更好地适应不断变化的工作环境。此外,创新就业教育还应着重培养学生的团队合作精神和沟通协调能力。在职场中,个人的力量是有限的,只有融入团队,与他人协作,才能实现更大的价值。通过团队合作和沟通协调的训练,学生可以学会如何与他人建立良好的工作关系,如何在团队中发挥自己的优势,以及如何妥善处理团队内部的冲突与分歧。

5. 终身学习意识树立

随着科技的飞速发展和知识的不断更新,终身学习已成为现代社会的必然要求,创新就业教育作为培养学生全面发展的重要途径,必须高度重视终身学习意识的树立。终身学习意识是指个体认识到学习是一个持续不断的过程,并愿意主动、积极地参与各种学习活动,以不断提升自己的知识和技能。这种意识的树立,对于学生未来的职业发展具有深远的影响。只有不断学习新知识、新技能,才能跟上时代发展的步伐,保持自己在职场中的竞争力。创新就业教育在培养学生的过程中,应注重引导他们认识到终身学习的重要性。教育者可以通过分享成功案例、举办讲座等方式,让学生了解到学习是如何改变一个人的命运,如何推动社会的进步。同时,教育者还应为学生提供丰富多样的学习资源和学习机会,鼓励他们积极探索、勇于创新,从而在实践中不断提升自己的学习能力和综合素质。

二、创新就业教育的原则

(一)以学生为中心原则

在创新就业教育的实施过程中,以学生为中心的原则应贯穿于始终,这一原则体现了对学生主体地位的充分尊重和对学生个性差异的深刻理解。教育,究其本质,是为学生的成长与发展服务,因此,任何教育活动的出发点和落脚点都应聚焦于学生。以学生为中心,意味着教育过程中需时刻关注学生的需求与兴趣。每个学生都是独一无二的个体,他们有着不同的学习风格、兴趣爱好和职业规划。创新就业教育应灵活调整教学内容和方法,以满足学生多样化的需求,从而激发他们的学习主动性和创造性。例如,通过个性化辅导、定制化课程等方式,帮助学生发现自己的潜能,明确职业目标,实现个性化发展。同时,以学生为中心还强调促进学生的全面发展。这不仅包括知识技能的传授,更涵盖思维品质、情感态度、价值观念等多个层面的培养。创新就业教育应致力于构建一个宽松、包容的学习环境,让学生在掌握专业知识的同时,也能提升综合素养,形成健全的人格,为未来的职业生涯和社会生活奠定坚实基础。

（二）实践导向原则

理论知识的学习固然重要，但将知识转化为实际能力，才是教育的最终目的。因此，创新就业教育应坚持理论与实践相结合，注重通过实践活动来检验和巩固学生的学习成果。实践活动的形式可以多样化，如实验教学、实习实训、创新创业项目等。这些活动不仅能够帮助学生深化对理论知识的理解，更能让他们在实际操作中锻炼技能，提升解决问题的能力。例如，通过参与企业实习，学生可以亲身体验职场环境，了解行业前沿动态，从而增强职业适应性；而通过创新创业项目，学生则可以在实践中培养创新思维和创业精神，为未来的职业发展奠定坚实基础。此外，实践导向原则还强调教育过程中的反思与总结。实践活动结束后，学生应有机会对自己的表现进行回顾和评价，从中吸取经验教训，以便更好地指导未来的学习和实践。

（三）协同育人原则

协同育人原则强调学校、企业、政府等多方主体应共同参与教育过程，形成紧密的合作关系与良好的育人氛围。各方主体均拥有独特的资源和优势，通过协同合作，能够实现资源共享、优势互补，从而为学生提供更为全面、深入的创新就业教育。学校作为教育的主阵地，拥有丰富的教育资源和教学经验，能够为学生提供系统的理论知识和基础技能培训。企业则凭借其实践平台和行业优势，为学生提供真实的职场环境和实践机会，帮助他们将所学知识转化为实际操作能力。政府则在政策制定和资源整合方面发挥关键作用，为创新就业教育提供有力的政策支持和资源保障。在协同育人的过程中，各方主体需建立有效的沟通机制和合作模式，确保教育目标的一致性和教育过程的连贯性。通过定期的交流研讨、共同开发课程、共享实践资源等方式，各方能够更深入地了解彼此的需求和期望，形成更为紧密的合作关系，共同推动创新就业教育的发展。

（四）持续发展原则

持续发展原则是创新就业教育的核心要义之一。它强调教育过程应不断适应时代变化和社会需求，持续更新教育理念、完善教育体系、优化教育资源。这一原则体现了教育的动态性和前瞻性，是确保教育质量与效果的关键所在。在快速发展的当今社会，行业动态和职场变化日新月异，这就要求创新就业教育必须保持高度的敏感性和灵活性。教育内容和方法的更新应紧跟行业发展趋势和职场需求变化，确保学生所学知识与技能的时效性和实用性。同时，教育体系的完善也是一个持续不断的过程，需要不断地反思与调整，以适应不同学生的学习需求和职业发展路径。为了实现持续发展，创新就业教育还应注重教育资源的优化与整合。这包括加强师资队伍建设、提升教学设施水平、拓展实践平台等多个方面。通过不断提升教育资源的数量和质量，创新就业教育能够为学生提供更为丰富、多元的学习体验和实践机会，助力他们在未来的职业生涯中取得更好的发展。

第二节　创新就业教育的目标体系

一、培养创新思维与创业精神

（一）激发创新思维潜能

1. 鼓励学生参与创意实践活动

鼓励学生参与创意实践活动是激发创新思维潜能的重要途径，创意实践活动能够为学生提供广阔的思维空间和实践机会，使他们在亲身体验中感受到创新的乐趣和价值。通过参与实践活动，学生可以接触到真实的问题情境，从而引发对问题的深入思考和探索。这种基于实践的学习方式有助于学生打破传统思维的束缚，激发出潜在的创新思维和创造力。同时，实践活动还能够培养学生的动手能力和团队协作精神，提升他们的综合素质，为未来的创新发展奠定坚实基础。

2. 培养学生的问题解决与创新能力

在当今社会，面对复杂多变的问题和挑战，具备出色的问题解决与创新能力的人才显得尤为重要。因此，教育过程中应注重培养学生的问题意识和创新精神，引导他们学会发现问题、分析问题和解决问题。通过系统的问题解决训练和创新思维训练，学生可以逐步掌握有效的问题解决方法和创新技巧，提高自身的创新能力和竞争力。同时，教育还应注重培养学生的批判性思维和自主学习能力，使他们在面对新问题时能够独立思考、勇于创新，不断推动知识和技术的进步。

（二）培育创业意识与企业家精神

1. 介绍创业基本理念与流程

创业不仅仅是开办一家公司或开展一项业务那么简单，更是一种思维方式和生活态度。通过详细阐述创业的内涵、目的以及可能面临的挑战，可以帮助学生建立起对创业的全面认识，从而激发他们的创业热情。同时，对创业流程的介绍也是必不可少的。从市场调研、商业计划书撰写，到资金筹集、团队组建，再到产品开发与市场推广，每一个步骤都需要细致的规划与执行。通过讲解这些流程，学生可以更好地了解创业的每一个环节，为将来的创业实践打下坚实的基础。

2. 开展创业模拟与实战演练活动

在培育创业意识和企业家精神的过程中，开展创业模拟与实战演练活动具有显著的效果，这类活动能够为学生提供一个相对真实的创业环境，让他们在模拟的商业场景中体验创业的全过程。通过扮演不同的角色，如创业者、投资者、市场分析师等，学生可以更深入地理解创业的各个环节和可能遇到的问题。此外，实战演练还能够帮助学生将理论知识与实践相结合，提升他们的实际操作能力和问题解决能力，这种活动形式不仅有助于增强学生的创业信心和决心，还能够为他们在未来真实的创业道路上提供宝贵的经验。

（三）创新思维与创业精神的融合应用

1. 探索创新思维在创业过程中的作用

在创业领域，创新思维被视为推动企业发展的核心动力，深入探索创新思维在创业过程中的作用，对于培养学生的创业能力至关重要。创新思维能够帮助创业者识别市场中的潜在机会，从而开发出具有竞争力的产品或服务。同时，它还能够助力企业在面对挑战时迅速调整策略，实现持续创新与发展。在教育过程中，通过案例分析、实践模拟等方式，可以引导学生深刻理解创新思维在创业中的具体应用，进而激发其创业热情与创造力。

2. 培养学生将创新想法转化为商业机会的能力

将创新想法转化为切实的商业机会，是创业成功的关键一步，这种转化能力不仅需要学生具备敏锐的市场洞察力，还要求他们掌握一定的商业知识和技能。在教育过程中，应注重培养学生的商业思维，教会他们如何评估创新想法的市场潜力，以及如何制订有效的商业计划。此外，还应通过实践活动，如创业比赛、项目实训等，让学生在实践中锻炼将创新想法转化为实际商业项目的能力。这样，学生不仅能够更好地把握创业机会，还能够在未来的职业生涯中持续创造商业价值。

3. 搭建创新与创业相结合的实践平台

搭建创新与创业相结合的实践平台，是培养学生创新思维与创业精神的重要举措，这样的平台可以为学生提供丰富的实践资源，包括创业导师的指导、行业专家的讲座、创业团队的交流等，从而帮助学生在实践中深化对创新与创业的理解。同时，平台还应鼓励学生积极参与创新项目与创业活动，通过亲身体验来锻炼他们的创新思维与创业能力。这种实践导向的教育方式,不仅能够提升学生的综合素质,还能够为他们未来的职业发展奠定坚实基础。

二、提升职业技能与实践能力

(一)强化专业基础技能训练

1. 夯实专业理论知识基础

在快速变化的工作环境中,深厚的理论知识能够为学生提供稳固的支撑,帮助他们更好地适应新技术和新挑战。通过系统地学习专业理论知识,学生可以建立起完整的知识框架,深入理解行业的核心原理和概念。这种基础性的知识储备不仅有助于学生在专业技能实操训练中迅速上手,还能够培养他们的分析问题和解决问题的能力,为未来的职业发展奠定坚实的基础。

2. 开展专业技能实操训练

理论知识的学习必须与实践操作相结合,才能使学生真正掌握和运用所学技能。通过实操训练,学生可以在模拟或真实的工作环境中运用专业知识,提升技能操作的熟练度和准确性。这种训练方式不仅能够帮助学生巩固理论知识,还能够培养他们的实践能力和团队协作精神。同时,定期的实操训练还能够使学生及时跟上行业发展的步伐,掌握最新的技术和工具,增强他们的就业竞争力。

3. 建立技能评估与反馈机制

通过定期的技能评估,可以客观地衡量学生的技能水平,发现他们在技能掌握上存在的不足和需要改进的地方。同时,及时的反馈能够帮助学生了解自己的技能表现,引导他们进行针对性的学习和训练。这种机制不仅能够激励学生不断提升自己的技能水平,还能够为教师提供有力的教学依据,以便他们根据学生的实际情况调整教学策略和方法,进一步增强教学效果。

(二)拓展实践应用能力与经验

1. 提供多样化实践机会与环境

为了有效拓展学生的实践应用能力与经验,教育机构应致力于提供多样化的实践机会与环境。这包括建立校内实验室、实训基地,以及与企业、行业合作开展实践项目。多样化的实践环境能够让学生接触到不同领域、不同层面的实际问题,从而培养他们的跨界思维与综合应用能力。同时,通过参与真实项目的操作,学生可以将理论知识与实际应用相结合,深化对专业知识的理解,并提升解决实际问题的能力。

2. 鼓励学生参与行业项目与实习

鼓励学生积极参与行业项目与实习是拓展其实践应用能力与经验的重要途径,通过与行业内的企业或组织合作,学生可以接触到最前沿的技术动态和市场需求,从而在实践中不断调整和完善自己的技能体系。此外,行业项目与实习还能为学生提供与专业人士交流的机会,有助于他们拓宽视野、汲取经验,并建立起职业发展的网络。

3. 引导学生反思实践经历与成果

在拓展实践应用能力与经验的过程中,引导学生对实践经历与成果进行反思至关重要。反思是一种深层次的思考过程,它有助于学生梳理实践中的得失,总结经验教训,并提炼出对未来实践有指导意义的策略和方法。通过反思,学生可以更加清晰地认识自己的优势和不足,从而有针对性地制定个人发展规划;同时,反思还能够促进学生的知识内化与迁移,提升他们的自主学习能力和终身发展潜力。

(三)职业技能与实践能力的持续提升

1. 关注行业动态与技术发展趋势

在职业技能与实践能力的持续提升过程中,密切关注行业动态与技术发展趋势显得尤为重要。随着科技的飞速进步和市场的不断变化,各行业的技术标准和职业要求也在持续演进。因此,专业人士需要时刻保持警觉,及时捕捉行业内的最新动态,以便调整自己的技能储备和发展方向。通过定期浏览行业报告、参加专业研讨会、订阅行业资讯等方式,可以确保个人职业技能与实践能力与市场需求保持同步,从而在职业生涯中保持竞争优势。

2. 定期组织技能更新与提升培训

为了保持职业技能与实践能力的持续提升,定期组织技能更新与提升培训至关重要。这种培训不仅可以帮助个人及时掌握新技术、新方法和新工具,还能够通过系统的学习和实践,深化对专业领域的理解,提高解决实际问题的能力。培训机构或企业应结合行业发展趋势和市场需求,设计具有针对性的培训课程,确保参训者能够在短时间内实现技能的有效提升;同时,鼓励个人根据自身职业规划和发展需求,主动参加相关培训,以不断拓展自己的职业技能边界。

3. 建立职业技能认证与评估体系

建立职业技能认证与评估体系是确保职业技能与实践能力持续提升的关键环节,通过权威的职业技能认证,可以对个人的技能水平进行客观、公正的评定,从而为用人单位提供有力的参考依据。同时,定期的技能评估可以帮助个人了解自己的技能状况,及时发现并弥补不足,制定更加明确的学习和发展目标。在建立职业技能认证与评估体系时,应注重标准的科学性和实用性,确保评估结果能够真实反映个人的职业技能水平,并为其未来的职业发展提供有力支持。

三、塑造适应性与终身学习意识

(一)提高环境适应与应变能力

在当今社会,环境的快速变化和不确定性已成为常态,这对个体的环境适应与应变能力提出了更高要求。这种能力的提升不仅仅依赖于专业技能的掌握,更需要灵活的思维方式和稳健的心理素质作为支撑。为了有效提升这种能力,个体必须注重培养信息获取与分析的能力。这意味着个体需要学会如何从海量的信息中筛选出有价值的信息,并对其进行深入分析和解读,以便及时捕捉环境变化的信号,从而做出合理的应对策略。同时,心理调适与抗压训练的重要性也不容忽视。面对挑战和压力,个体需要学会调整自己的心态,保持冷静和乐观,以更好地应对各种复杂情况。通过这样的训练,个体不仅能够提升自己的心理素质,还能够在不断变化的环境中保持稳定的发挥,从而更好地适应社会的发展需求。

(二)树立终身学习与自我发展观念

在现代社会,终身学习与自我发展已经成为个体成长的必由之路,科技的迅猛进步和知识的不断更新,要求个体必须保持持续学习的状态,以便及时跟上时代的步伐。终身学习的观念强调了学习的持续性和长久性,它鼓励个体将学习融入日常生活的方方面面,贯穿于整个职业生涯。与此同时,自我发展观念的培养也显得尤为重要。这一观念旨在激发个体不断挖掘自身潜能,追求个人价值的最大化。通过树立终身学习与自我发展的观念,个体能够更好地应对社会的挑战,实现自身的持续成长和进步。

(三)适应性与终身学习意识的实践应用

适应性与终身学习意识并非空洞的理论概念,而是需要个体在日常工作和生活中切实践行的理念。个体应该积极运用所学知识和技能,解决实际问题,以此来检验和提升自身的专业能力。同时,保持对新事物的好奇心和探索精神也是至关重要的。勇于尝试和创新,不仅能够帮助个体拓宽视野、增长见识,还能够激发其创造力和创新精神。通过不断的实践应用,个体能够逐步提升自己的专业技能和综合素质,从而更好地适应社会的变化和发展。这种实践应用的过程,也是个体不断成长和进步的重要途径。

四、促进全面发展与个性化成长

(一)均衡发展德智体美劳各方面素质

在全面发展的教育理念下,个体需要在德育、智育、体育、美育和劳动教育等各个方面实现均衡提升。德育作为培养道德品质与责任感的重要途径,旨在引导个体形成正确的价值观和道德观念,从而在社会生活中展现出高尚的道德风貌。智育则侧重于拓展个体的知识体系与思维能力,通过系统的学习和思考训练,使个体具备扎实的学术基础和灵活的思维方式。体育以增强体质与健康水平为目标,鼓励个体参与各种体育活动,提升身体素质,培养健康的生活习惯。美育旨在增强个体的审美情趣与创造力,通过艺术教育和文化活动,激发个体对美的追求和创造热情。劳动教育则注重培养实践技能与劳动精神,使个体在动手实践的过程中体验劳动的价值和意义。均衡发展这些素质,不仅有助于个体形成完整的人格结构,更能够使其在面对生活中的各种挑战时,展现出全面的应对能力和良好的综合素质。

(二)尊重并鼓励个性化成长与发展

在强调全面发展的同时,我们也必须认识到每个人都是独一无二的个体,拥有各自不同的兴趣、特长和潜力。因此,尊重个体的差异性,并鼓励其个性化成长与发展,成为教育不可或缺的重要任务。为了实现这一目标,教育应提供多样化的教育资源和成长路径,以满足个体不同的学习需求和发展愿望。无论是学术研究、艺术创作还是职业技能培训,教育都应为个体提供广阔的选择空间和发展平台。同时,营造包容、开放的学习环境也至关重要,这样的环境能够让每个人都自由地表达自我、追求梦想,不用担心被歧视或压制。只有在这样的教育氛围中,个体的个性化成长与发展才能得到充分的尊重和鼓励,从而激发出无尽的创造力和潜能。

(三)全面发展与个性化成长的协同推进

全面发展与个性化成长并非相互排斥的概念,而是可以协同推进的两个方面,事实上,它们之间存在着密切的联系和互动关系。在全面发展的基础上,个体通过广泛的学习和实践,逐渐发现自己的兴趣和优势所在,进而为实现个性化的发展奠定坚实基础。同时,个性化成长也有助于个体在某一领域或特定方面取得突出成就,这不仅为个体的全面发展增添了亮点,也为其未来的职业生涯和社会生活注入了更多活力和色彩。因此,教育在追求全面发展的过程中,应时刻关注个体的个性化需求和发展愿望,努力寻求两者之间的平衡点。通过提供多样化的教育资源和成长路径,以及营造包容、开放的学习环境等措施,教育可以协同推进个体的全面发展和个性化成长,从而让每个人都能在全面发展的道路上实现自我价值的最大化,也为社会的进步和发展贡献出独特的力量。

第三节　创新就业教育的实施路径

一、构建多元化就业教育体系

(一)设计与市场需求对接的课程体系

在构建多元化就业教育体系的过程中,设计与市场需求对接的课程体系显得尤为重要,该举措不仅关乎教育机构的教学质量,更直接影响学生的就业前景与职业发展。为实现课程体系与市场需求的有效对接,教育机构必须保持对市场动态的敏锐洞察,不断调整和优化课程设置。这要求教育机构深入行业内部,了解企业对人才的具体需求和期望,同时结合行业发展的整体趋势,确保所设计的课程体系既符合教育教学的内在规律,又能紧密贴合市场的实际需求。在此过程中,教育机构应特别注重课程的实用性和前瞻性,确保学生所学的知识和技能能够在实际工作中得到有效应用,并具备应对未来行业变化的能力。通过构建与市场需求对接的课程体系,教育机构能够帮助学生更加清晰地认识职业方向,提升他们的就业竞争力,从而为社会培养出更多符合市场需求的高素质人才。

(二)引入行业专家参与教学与实践

在教育教学过程中,引入行业专家参与教学与实践是一种富有成效的策略,行业专家凭借其深厚的行业经验和专业知识,能够为教育机构提供宝贵的教学资源和实践机会。他们的参与不仅能够极大地丰富教学内容,使课堂更加贴近实际,还能够显著提升教学质量,帮助学生更好地掌握专业知识和技能。通过与行业专家的互动交流,学生可以获得第一手的行业动态信息,了解行业内最新的发展趋势和前沿技术。同时,行业专家还能够为学生提供真实的行业案例,指导他们进行实际操作和技能训练,从而帮助学生在未来的职业生涯中更快地适应和融入行业。此教学模式不仅能够提高学生的实践能力和职业素养,还能够拓宽他们的视野,提升他们的综合素质,为他们的长远发展奠定坚实的基础。

（三）建立校企合作实训基地

建立校企合作实训基地在提升学生实践能力方面扮演着重要角色，这种合作模式将教育机构与企业的资源进行了有效整合，为学生创造了一个真实的职业环境，以供他们进行实践操作和学习。在这样的实训基地中，学生有机会亲身参与到企业的日常运营中，通过实际操作来深化对理论知识的理解，提升实际应用能力。更重要的是，校企合作实训基地不仅为学生提供了实践的平台，也为他们构建了一个职业网络。在实训过程中，学生有机会与企业员工、管理层以及行业内的专业人士进行互动交流，从而拓展人脉资源，了解行业动态，甚至可能获得未来的职业机会。

（四）推广线上线下相结合的教学模式

随着科技的不断进步，线上线下相结合的教学模式正逐渐成为教育领域的创新趋势。该教学模式充分利用了网络平台和现代教育技术的优势，打破了传统教学的时空限制，为学生提供了更加灵活、多样化的学习途径。通过网络课程、在线讨论、远程协作等方式，学生可以根据自己的时间安排和学习需求进行自主学习，实现了个性化教育的可能。同时，线下教学也仍然保持着其不可替代的价值。面对面的课堂教学、小组讨论、实验操作等活动，能够为学生提供更为直观、生动的学习体验，有助于加深他们对知识的理解和掌握。线上线下教学模式的有机结合，不仅满足了学生个性化的学习需求，也有效增强了教学效果和学习体验，是推动教育现代化、提升教育质量的重要途径。

二、强化创新创业教育融合

（一）设立创新创业课程与实践项目

设立专门的创新创业课程与实践项目，是培养学生创新意识和创业精神的基石，这些课程的设计需全面而深入，覆盖创新思维的培养、商业计划书的撰写技巧以及市场营销策略的构建等多个层面，其目的在于帮助学生从多个维度深入理解创业的全过程和关键要素，从而为他们未来可能的创新创业活动奠定坚实的理论基础。创新创业课程不仅应传授理论知识，更应注重实践操作的结合。通过实践项目，学生能够将课堂上学到的理论知识应用到实际情境中去，这种“学以致用”的教学方法对于锻炼学生的问题解决能力尤为重要。学生在实际操作中，会遭遇各种预料之外的挑战，这些挑战将迫使他们灵活运用所学知识，寻找创新性的解决方案。

(二)搭建创新创业实践与孵化平台

搭建创新创业实践与孵化平台,对于学生实践能力的提升具有不可替代的作用,此平台能够有效地集聚校内外的各种资源,包括但不限于行业专家、投资者、法律顾问等,从而为学生提供一个全方位的创业支持体系。在这个体系中,学生可以获得从创业指导到资金支持,再到法律咨询等一站式服务,这将极大地降低他们创业的门槛和风险。通过孵化器的精心运作,学生有机会在实际创业环境中进行项目孵化和实践操作。这种身临其境的体验将使他们更加深入地了解创业的艰辛与乐趣,也能够加速创业项目的成长和转化。此外,这样的平台还能促进企业与学生之间的交流与合作,这种交流不仅有助于学生拓宽创业视野,更可能为他们带来意想不到的合作机会。

(三)实施创新创业导师制度

创新创业导师制度的核心在于为学生提供个性化、有针对性的指导和支持。创新创业导师通常具备丰富的创业实践经验和行业前沿知识,这使得他们能够从实战角度出发,为学生提供宝贵的建议。在导师的引导下,学生可以更为精准地识别商业机会,有效规避潜在的创业风险,这对于初次涉足创业领域的学生而言尤为重要。导师的作用不仅限于提供创业技能方面的指导,更包括分享行业洞察、解读市场动态,以及在学生的心理建设方面给予支持。通过与导师的紧密合作与深度交流,学生能够更为全面地了解创业的全貌,减少在创业道路上可能遭遇的盲目性和不确定性,有助于学生在创业初期就建立起稳固的基础,从而在竞争激烈的市场环境中更快地实现创业目标,推动创新创业成果的转化和应用。

(四)举办创新创业大赛与成果展示

举办创新创业大赛与成果展示活动,对于激发学生的创新创业热情、提升其创业实践能力具有显著作用。这类活动不仅为学生提供了一个展示自己创新理念和创业项目的平台,更是一个促进交流学习、拓宽视野的绝佳机会。在大赛与展示的过程中,学生可以接触到来自校内外的不同创业团队和项目,通过观摩他人的创业实践,汲取灵感和经验,进而丰富自身的创业思路和策略。此外,创新创业大赛与成果展示还是检验学生创业项目可行性和市场前景的重要环节。学生可以通过大赛的角逐和专家的评审反馈,客观评估自己项目的优势和不足,从而在实际操作中不断进行调整和优化。这种实战性质的活动,有助于学生将理论知识与实际操作相结合,提升其在复杂市场环境中应对挑战的能力。

三、实施职业技能提升计划

（一）制定职业技能培训规划

制定详尽而周密的职业技能培训规划，是启动职业技能提升计划的关键第一步。该规划绝非简单的教学安排，而是需要深入洞察行业发展的动态趋势，紧密结合市场对人才技能的具体需求。其核心目的在于，通过精心设计的培训内容和方式，帮助学生掌握那些真正具有市场价值的职业技能。为实现这一目标，规划过程中必须明确几个关键要素：首先是培训目标，它指引着整个培训活动的方向和预期成果；其次是培训内容，需要深入分析各职业领域的核心技能要求，从而构建出既具有针对性又富有前瞻性的课程体系；再者是培训方式，应灵活多样，以适应不同学生的学习风格和需求；最后是时间节点，合理的时间安排能确保培训活动的有序进行和高效完成。此外，规划还应具备一种动态调整的能力，即随着市场环境和行业技术的变化，及时对培训内容和方式进行更新迭代。

（二）引入行业认证与职业资格培训

在职业技能提升计划中，引入行业认证与职业资格培训是一项具有战略意义的举措。这种培训方式不仅为学生提供了一个系统学习职业技能的平台，更为他们打开了一扇通往行业认可的大门。通过与行业内权威的认证机构建立合作关系，教育机构可以引入那些经过市场检验、行业公认的认证课程和考试。这些课程通常围绕职业标准而设计，内容涵盖某一职业领域的核心知识和技能要求。学生在学习过程中，可以清晰地了解到自己需要达到的技能水平，从而有针对性地进行提升。同时，职业资格培训也是一种全面而系统的学习体验。它旨在帮助学生从零开始，逐步掌握某一职业领域的全部知识和技能，最终达到能够独立从事相关工作的水平。这种培训方式不仅提升了学生的职业技能，更为他们未来在求职市场上脱颖而出提供了有力支持。

（三）开展校企联合的实习实训项目

开展校企联合的实习实训项目可以将学校的教学资源与企业的实践平台有机结合，为学生创造一个真实而富有挑战性的学习环境。通过与企业建立深度合作关系，学校可以在企业内部建立实习实训基地，或者与企业共同开发实训项目。在这样的环境下，学生有机会亲身参与到企业的日常运营和项目中，将课堂上学到的理论知识转化为实际操作技能。这种理论与实践相结合的学习方式，不仅有助于加深学生对专业知识的理解，更能有效提升他们的职业技能水平。同时,实习实训项目还是学生了解职场文化、培养职业素养的重要途径。在实习过程中,学生可以接触到企业的管理模式、团队协作方式以及行业规范等,这些都是他们未来职业生涯中不可或缺的知识和技能,通过实习实训的锻炼,学生可以更加自信地踏入职场,迎接未来的挑战。

四、完善就业指导服务体系

(一)建立健全就业指导机构与队伍

建立健全的就业指导机构与队伍,是构建高效、完善的就业指导服务体系不可或缺的基石,该举措的核心在于设立专门的就业指导中心,并为其配备一支专业素养高、实践经验丰富的就业指导老师队伍。这些老师不仅需具备深厚的行业知识,还应熟练掌握职业规划的理论与实践,以便能够为学生提供全面、细致的就业引导。就业指导机构的存在,不仅仅是为了简单地传递就业信息,更重要的是要能够承担起对学生进行个性化职业规划与咨询的重任。通过一系列科学、系统的评估手段,帮助学生认清自身的优势与不足,明确职业目标和发展路径。同时,该机构还应成为一个连接学生与企业、行业的桥梁,提供最新的就业市场动态和行业需求信息,从而助力学生做出更为明智的职业选择。为确保就业指导服务的专业性和实效性,就业指导队伍需要定期接受系统的培训,包括就业市场趋势分析、职业规划理论更新、咨询技巧提升等多个方面。

(二)提供个性化职业规划与咨询服务

在当今这个充满变化与挑战的时代,每位学生都拥有独一无二的个性和多元化的职业需求,因此,提供个性化的职业规划与咨询服务显得尤为重要。这不仅是对学生个体差异的尊重,更是帮助他们实现职业梦想的关键所在。为实现这一目标,就业指导老师需要与学生建立起深厚的信任关系,通过深入的沟通与交流,全面了解学生的个人兴趣、专业特长、价值观念以及长远的职业期望。在充分掌握这些信息的基础上,老师应结合当前的市场趋势、行业特点以及学生的个人情况,为其量身打造一份既切实可行又富有前瞻性的职业规划方案。同时,面对学生在求职旅程中可能遭遇的种种困惑与难题,就业指导老师还需扮演好咨询者的角色。无论是关于简历撰写、面试技巧等实际问题,还是涉及职业选择、发展路径等更深层次的思考,老师都应给予耐心细致的解答和引导,通过这样的服务,不仅能够帮助学生顺利跨越求职过程中的障碍,更能助力他们在未来的职业生涯中持续成长与进步。

（三）加强就业市场信息收集与发布

在构建完善的就业指导服务体系中，加强就业市场信息的收集与发布工作显得至关重要，就业市场信息的准确性和时效性，直接关系着学生能否顺利把握就业机会，因此，这一环节不容忽视。就业指导机构应积极与各行业、企业建立紧密的联系网络，确保能够及时捕捉到最新的招聘信息和行业动态。通过与企业的深度合作，就业指导机构可以第一时间获取到用人单位的招聘需求，从而为学生提供最新鲜、最真实的就业信息。同时，信息的发布渠道也应得到充分的利用和优化。校园网站、公告栏等传统媒体可以继续发挥其快速传播信息的优势，而新媒体平台则可以进一步扩大信息的影响力。此外，借助大数据技术，就业指导机构可以对海量的就业市场信息进行深度挖掘和分析，提炼出更为精准、有价值的就业趋势和岗位匹配信息，以帮助学生更加明确地定位自己的职业方向。

（四）举办校园招聘与就业指导活动

校园招聘与就业指导活动在促进学生顺利就业方面发挥着举足轻重的作用，这类活动不仅为学生和用人单位提供了一个直接交流的平台，还极大地丰富了学生的求职经验和技能。通过定期举办各类招聘会，学校能够邀请到众多知名企业走进校园，与学生进行面对面的交流。这种直接的互动方式不仅让学生有机会了解企业的真实需求和文化，还能使他们在实际交流中提升自己的沟通能力和应变能力。同时，组织各类就业指导讲座和工作坊也是非常有必要的。这些活动可以邀请到行业内的专家、企业的人力资源部门负责人等，分享他们的求职经验、面试技巧以及行业动态等实用信息。通过这些活动，学生能够更加深入地了解到求职过程中的各种细节和技巧，从而提升自己的求职成功率。

第四节　创新就业教育的评估机制

一、构建多元化的评估指标体系

（一）确定核心评估指标

1. 就业率与就业质量并重

在确定就业教育评估的核心指标时，就业率和就业质量是两个不可或缺的关键因素。就业率直观地反映了学校就业教育的直接成果，即学生毕业后能够顺利进入职场的比例。这一指标对于衡量学校就业教育的整体效果具有重要意义。然而,仅仅关注就业率是不够的,就业质量同样重要。就业质量涵盖了薪资水平、工作满意度、职业发展前景等多个方面,它更能体现学生就业后的实际状况和学校就业教育的长远影响。因此,将就业率和就业质量并重,能够更全面地评估学校就业教育的成效,确保教育目标的实现。

2. 学生满意度与雇主反馈融入

学生作为就业教育的直接受益者,他们的满意度直接反映了教育过程的有效性和教育服务的质量。通过收集学生对课程设置、教学方式、实践机会等方面的反馈,学校可以及时发现教育过程中存在的问题,为改进教育提供有力依据。同时,雇主反馈也是评估就业教育质量不可或缺的一环。雇主作为学生毕业后工作的直接接触者,他们对毕业生的工作能力、职业素养等方面有着直观的感受。通过融入雇主反馈,可以更准确地了解毕业生的就业表现,从而反映出学校就业教育的实际效果。

3. 教育过程与成果的综合考量

教育过程包括教学计划、师资力量、实践教学等多个环节,这些因素直接影响着学生的学习体验和知识技能的掌握。通过对教育过程的细致评估,可以确保教育活动的有效性和高效性,增强学生的学习效果。而教育成果则主要体现在学生的就业率、就业质量以及职业发展等方面。这些成果不仅反映了学生的学习成效,也是学校就业教育质量的直接体现。因此,将教育过程与成果进行综合考量,能够更全面地评估学校就业教育的整体质量,为改进教育提供全面、准确的依据。

(二)拓展辅助评估维度

1. 行业认可度与市场需求对接

在就业教育评估中,行业认可度体现了学校所培养人才在特定行业内的被接受程度,这直接关系到毕业生的就业竞争力。通过考察行业内对毕业生的评价、毕业生在行业内的分布情况以及行业对学校教育质量的反馈,可以更为精准地评估就业教育的行业适应性。同时,市场需求对接则要求学校密切关注劳动力市场的动态变化,确保教育内容与行业需求保持同步。这包括了解行业发展趋势、预测未来一段时间内的人才需求状况,并据此调整专业设置、课程设计以及实践教学环节,从而增强毕业生的市场适应性。通过这两个方面的评估,学校可以更加全面地把握就业教育的实际效果,为提升教育质量提供有力支持。

2. 创新创业能力评价指标

创新创业能力评价指标主要关注学生的创新意识、创业精神以及将创意转化为实际行动的能力。通过评价学生在校期间参与的创新创业项目、获得的专利成果、创业计划书的撰写质量等方面，可以较为客观地衡量学生的创新创业水平。同时，这一指标还有助于引导学校加强创新创业教育的投入，完善相关课程体系和实践平台，从而培养学生的创新思维和创业能力，提升其在未来职场中的竞争力。

3. 职业发展持续性与晋升空间

职业发展持续性与晋升空间是评估就业教育质量时不可忽视的辅助维度，职业发展持续性强调的是毕业生在职业生涯中的稳定性和成长潜力，而晋升空间则关注的是毕业生未来职位提升和薪酬增长的可能性。这两个方面共同构成了评价毕业生就业质量长期效应的重要指标。通过追踪调查毕业生的职业发展轨迹、晋升情况以及薪资变动等信息，可以更为深入地了解学校就业教育对学生职业生涯的长远影响。此外，这些信息还能为学校优化就业教育策略提供宝贵反馈，帮助学校更好地满足社会对人才的需求，提升整体教育质量。

（三）建立动态调整机制

1. 定期审查与更新评估指标

随着教育理念的进步、行业发展的变迁以及市场需求的变化，原有的评估指标可能逐渐失去其准确性和有效性。因此，定期审查评估指标的适用性变得至关重要。这包括对现有指标的数据来源、计算方法、权重分配等进行全面检查，确保其仍能准确反映就业教育的实际状况。同时，根据审查结果，及时更新或替换那些已不适应当前环境的指标，以确保评估体系的时效性和前瞻性。通过这一机制，就业教育评估能够与时俱进，更好地服务于教育质量的提升和学生职业发展的促进。

2. 反馈循环中的指标优化

反馈循环在动态调整机制中扮演着核心角色，它允许评估体系在实践中不断自我完善和优化。具体而言，通过将评估结果与实际教育效果进行对比分析，可以识别出指标体系中存在的问题和不足。这些问题可能表现为某些指标过于笼统或缺乏针对性，无法准确捕捉就业教育的关键特征；或者某些指标的权重设置不合理，导致评估结果出现偏差。针对这些问题，反馈循环机制要求评估者及时收集并分析相关反馈信息，对指标体系进行必要的调整和优化，可能包括细化指标定义、改进数据收集方法、调整权重分配等。

3. 响应行业变化与市场需求的灵活性

在快速变化的社会经济环境中，行业趋势和市场需求是不断演进的，因此，就业教育评估体系必须具备足够的灵活性，以便及时响应这些变化，要求评估体系在设计之初就考虑到未来可能的变化因素，并预留出相应的调整空间。同时，评估者需要密切关注行业发展的最新动态和市场需求的变化趋势，以便在必要时对评估指标进行及时的调整。例如，当新兴行业或职业出现时，评估体系应能够迅速纳入相关指标以反映这些新变化；当市场需求发生转向时，评估体系也应能够及时调整指标的权重以体现新的市场需求。

二、引入第三方评估机构

（一）选择合适的评估机构

1. 评估机构的专业资质与经验

评估机构应具备相关领域的专业认证和资质，这能够证明其拥有进行就业教育评估所必需的专业知识和技术能力。同时，丰富的评估经验也是不可或缺的。具有多年从业经验的评估机构更能深入理解就业教育的内涵与外延，能够更准确地识别和评估就业教育的关键因素，他们熟悉评估流程和方法，能够高效地开展评估工作，从而确保评估结果的准确性和可靠性。

2. 独立性与客观性的保障

评估机构的独立性意味着评估机构在执行评估任务时，不受任何外部因素的干扰或影响，能够自主地开展评估工作并得出客观结论。客观性则要求评估机构在评估过程中保持中立，不偏不倚地评价就业教育的实际效果，避免主观偏见或利益冲突的干扰。为了保障独立性和客观性，评估机构应建立严格的管理制度和操作规范，确保评估过程的透明度和公正性。同时，学校在选择评估机构时，也应注重考察其在这方面的表现，以确保评估结果的真实有效。

3. 与学校就业教育目标的契合度

在选择评估机构时，还需要考虑其与学校就业教育目标的契合度，不同的学校有不同的就业教育理念和目标，因此，选择的评估机构应能够充分理解和支持这些目标，并据此设计出符合学校实际情况的评估方案。评估机构应能够与学校紧密合作，共同明确评估的重点和方向，确保评估结果能够真实反映学校的就业教育水平，并为学校的持续改进提供有价值的反馈。

（二）明确评估合作内容与方式

1. 评估范围与重点的界定

评估范围应涵盖就业教育的各个环节，包括但不限于课程设置、教学质量、学生满意度、毕业生就业情况等。通过明确范围，可以确保评估的全面性和系统性。同时，重点的界定也至关重要，它决定了评估的深入程度和针对性。例如，可以重点关注学校就业教育的特色与优势，或者存在的问题与不足，不仅能够凸显学校的核心竞争力，还能为改进教育提供有力依据。

2. 数据共享与保密协议的签订

数据共享是评估合作中的重要环节，涉及评估所需信息的获取和使用，为了确保评估的准确性和客观性，评估机构需要获取学校就业教育的相关数据。然而，这些数据往往包含敏感信息，因此需要签订数据共享与保密协议。协议应明确数据的提供方式、使用范围、保密责任等内容，以保障双方权益。通过签订协议，可以确保数据的安全性和合规性，同时促进评估工作的顺利进行。此外，双方还应就数据更新和修正等事项达成共识，以适应评估过程中的变化需求。

3. 合作期限与成果交付标准的设定

合作期限的设定应考虑到评估的复杂性和实际需求，既要确保评估的深入和全面，又要避免时间过长导致资源浪费。同时，成果交付标准的设定也至关重要。它决定了评估结果的呈现方式和质量要求，直接影响评估的价值和意义。因此，在合作之初，双方应明确合作期限和成果交付标准，以确保评估工作的高效和质量。通过合理的期限设定和严格的交付标准，可以推动评估工作的有序进行，并为学校就业教育的改进提供有力支持。

（三）充分利用评估结果

1. 评估报告的解读与内化

评估报告作为评估工作的最终产出，蕴含了丰富的信息和深刻的见解，因此，对评估报告进行细致解读，深入理解其内在逻辑和核心观点，是确保评估结果有效应用的前提。解读过程中，应关注报告中的数据分析、问题诊断以及改进建议等关键内容，从而全面把握学校就业教育的实际状况和发展需求。同时，内化评估报告的精神和要义也至关重要。通过将评估结果与学校的发展战略和教育理念相结合，可以形成更具针对性和可操作性的改进方案，推动学校就业教育的持续优化和提升。

2. 改进建议的实施与跟踪

评估结果中的改进建议是评估工作的重要成果之一,其实施与跟踪对于提升学校就业教育质量具有显著意义。改进建议的实施需要制订详细的行动计划和时间表,明确责任人和执行团队,确保各项改进措施能够得到有效落实。同时,实施过程中应建立定期汇报和反馈机制,以便及时发现问题并进行调整。跟踪改进建议的落实情况和实施效果也是必不可少的环节。通过持续跟踪和评估,可以验证改进建议的有效性,并为后续的优化工作提供有力支持。这种循环往复的改进过程有助于学校就业教育质量的不断提升。

3. 评估成效的宣传与推广

评估成效的宣传与推广对于彰显评估价值、增强评估影响力具有重要作用,通过多渠道、多形式的宣传,可以让更多的人了解评估工作所取得的成果和进步,从而树立学校就业教育的良好形象。同时,推广评估成效还有助于在更广泛的范围内分享和交流就业教育的最佳实践和创新经验,推动整个教育行业的共同进步。在宣传与推广过程中,应注重数据的可视化呈现和案例的生动展示,以便更直观地展现评估成效;此外,还应积极回应社会关切和舆论热点,提升评估工作的公信力和社会认可度。

三、强化过程评估与结果评估相结合

(一)完善过程评估机制

过程评估作为一种持续性的监控与评价手段,其核心在于对教学活动、学生参与度以及教师教学方法的全面和深入考察。通过多样化的评估工具,如定期检查、课堂观察以及学生反馈等,能够更加精准地把握教育过程中的每一个环节。这种细致入微的评估方式,不仅有助于及时发现并解决潜在问题,更能促进教学策略的针对性调整,从而持续优化教学效果。在实施过程评估时,应重视数据的收集与分析工作,以便更科学地评估教学效果。同时,建立有效的反馈机制也是必不可少的,它能让教育者及时了解到教学过程中的问题,进而做出相应的改进。通过这种方式,过程评估机制得以完善,教育质量也将在不断的调整与优化中得到显著提升。

(二)突出结果评估的导向作用

结果评估在教育评价体系中占据着举足轻重的地位,它是衡量教育效果的关键指标,通过标准化的测试和考核,可以对学生的学习成果进行客观、全面的评价,进而检验教育目标是否得以有效达成。这种以结果为导向的评估方式，不仅为学生提供了清晰、明确的学习目标，也为教育者指明了教学的方向。在实施结果评估时，应确保测试与考核的科学性和公正性，以便更准确地反映学生的实际学习水平。同时，教育者也应根据结果评估的反馈，针对性地调整教学策略，以更好地满足学生的学习需求。通过这种方式，结果评估的导向作用得以充分发挥，教育活动也将更加紧密地围绕核心目标展开。

（三）实现过程与结果的有机融合

过程评估通过实时监控和反馈，为教育者提供了调整教学策略的依据，而结果评估则通过对学生学习成果的考核，验证了教学策略的有效性。两者的有机结合，使得既能关注教育的具体过程，又能强调教育的最终结果。在实现过程与结果融合的过程中，应注重评估指标的科学设定和数据的有效利用。通过设定合理的评估指标，能够更全面地反映教育的各个方面；而通过有效利用评估数据，可以更准确地识别出教育过程中的优点和不足，为教育质量的持续提升提供有力的保障，也将推动教育活动的不断优化和进步。

四、利用大数据和人工智能技术提升评估效率

（一）构建就业教育大数据平台

构建就业教育大数据平台，对于提升评估效率、优化教育质量具有重要意义，这一平台能够系统地收集、整合并分析海量的就业教育数据，从而为提供更为全面、深入的教育洞察。通过数据驱动的方法，可以更加客观地评估学生的学习进度、掌握程度以及教师的教学效能，进而为教育决策提供科学依据。此外，大数据平台还具备强大的数据处理能力，能够快速筛选、分析并呈现关键信息，有助于及时发现教育过程中的问题与挑战，为精准教学和改进措施提供有力支撑。因此，构建就业教育大数据平台不仅是提升评估效率的关键，更是推动教育现代化、提高教育质量的重要举措。

（二）应用人工智能技术辅助评估

借助自然语言处理、机器学习等先进技术，能够实现对大量数据的自动化处理与深度分析，从而快速准确地识别出教育过程中的关键问题和改进点。这种智能化的评估方式不仅大幅提高了评估效率，更在保障评估结果的准确性和客观性方面发挥了重要作用。通过人工智能技术的辅助，能够更加科学、全面地评估学生的学习成果和教师的教学效果，为教育质量的持续提升提供有力保障。

(三)提升评估结果的精准度与实用性

利用大数据和人工智能技术提升评估结果的精准度与实用性,是当前就业教育评估领域的重要发展趋势。通过对海量数据的深度挖掘与精细分析,能够更加精准地评估学生的学习成效,为教育者提供更为个性化、有针对性的教学建议。同时,这些技术还能帮助深入剖析教育过程中的潜在问题和趋势,为教育决策提供更为科学、全面的数据支持。这种精准、实用的评估结果不仅有助于教育者及时了解学生的学习状况,更能推动教育质量的全面提升,实现教育资源的优化配置和教育效果的最大化。

第三章 高校创新就业教育课程体系构建

第一节 课程体系设计的原则与目标

一、课程体系设计的基础原则

（一）市场需求导向原则

在设计高校创新就业教育课程体系的过程中，市场需求导向原则强调课程体系必须紧密围绕当前市场对人才的需求来构建，以确保教育内容与社会的实际需求保持高度契合。鉴于当前社会经济的快速发展以及行业结构的不断变化，市场对人才的要求也随之演变。因此，高校在规划课程体系时，务必对市场动态和行业趋势进行深入研究，以捕捉用人单位对人才技能与知识的具体需求。为了精准把握市场需求，高校应通过多元化的市场调研方法，如问卷调查、深度访谈、企业实地考察等，来收集第一手的市场数据。这些数据不仅能够帮助高校洞察行业对人才的最新要求，还能为课程体系的调整提供有力的数据支撑。此外，高校还应与行业内的领军企业建立紧密的合作关系，通过校企合作、产学研结合等模式，共同推进课程内容的更新与优化。

（二）学生主体性原则

在构建创新就业教育课程体系时，学生主体性原则强调学生在教育过程中的中心地位，要求课程体系的设计充分尊重学生的个体差异、兴趣爱好以及职业发展规划。每个学生都是独一无二的个体，拥有不同的潜能和特长，因此，提供多样化的课程选择和发展路径是至关重要的。为了实现学生的个性化发展，高校应构建灵活多样的课程体系，包含必修课、选修课、实践课等多种类型，以满足学生不同层次、不同方向的学习需求。同时，课程体系还应注重培养学生的自主学习能力，通过设置研究性学习项目、开展创造性实践活动等方式，激发学生的探索欲望和创新精神。此外，高校还应鼓励学生积极参与课程设计和实践活动的全过程，这不仅能够提升学生的实践能力和团队协作精神，还能够增强他们的责任感和使命感。通过这种以学生为中心的教学理念，高校可以培养出既具备扎实专业素养又富有创新精神的新时代青年，为社会的发展注入源源不断的活力。

（三）实践性与创新性相结合原则

实践性与创新性相结合原则强调课程体系不仅要夯实学生的理论基础，更要注重培养学生的实践能力和创新精神。实践性要求课程内容紧密联系实际工作场景，通过实验教学、项目实践等方式，让学生在亲身参与中深化对理论知识的理解，并提升动手解决问题的能力。这种实践导向的教学设计有助于缩短学生从学校到职场的适应期，使他们在毕业后能迅速融入工作环境，发挥专业技能。与此同时，创新性则是课程体系设计的另一个重要维度。在知识经济时代，创新能力已成为衡量人才价值的重要标准。因此，课程体系应致力于激发学生的创新思维，培养他们的创造力。通过引入创新创业课程、举办创意大赛、设立学生创新项目等方式，鼓励学生勇于尝试、敢于挑战，从而在探索未知领域的过程中锤炼创新能力。

（四）灵活性与适应性原则

灵活性原则要求课程体系具备足够的弹性和可调整性，以适应不同专业、不同层次学生的多样化需求。这意味着课程体系设计应充分考虑学生的个性差异、兴趣爱好以及职业发展规划，提供丰富多样的课程选项和学习路径。通过构建模块化的课程结构，实施灵活的选修制度，高校能够更好地满足学生的个性化学习需求，促进他们的全面发展。适应性原则则强调课程体系必须与时俱进，紧跟时代发展的步伐。随着科技的迅猛进步和知识的不断更新，就业市场对新技能、新知识的需求也在持续变化。因此，高校应密切关注行业动态和市场需求，及时调整课程内容和教学方式，确保教育内容与时代发展保持同步，包括及时引入新技术、新知识和新理念，更新陈旧的教学内容，以及采用先进的教学方法和手段。

二、明确课程体系设计的目标

（一）提升学生就业竞争力

在探讨高校创新就业教育课程体系设计的目标时，提升学生就业竞争力无疑位居核心地位，该目标的达成，不仅关乎学生个体的职业发展，更是高等教育质量与社会适应性的重要体现。为实现这一目标，课程体系设计必须超越单纯的专业知识传授，深入触及学生职业素养和综合能力的培养。具体而言，课程体系应通过精心设计的实践课程，让学生在模拟或真实的职业环境中锤炼技能，提升解决实际问题的能力。同时，职业技能培训应贯穿始终，确保学生掌握行业认可的专业技能，为顺利融入职场奠定坚实基础。此外，引入行业前沿知识至关重要，它不仅能拓宽学生的视野，更能使学生在瞬息万变的就业市场中保持敏锐的洞察力和适应力。课程体系设计还需关注学生的个性化发展需求，通过提供个性化的职业指导和咨询服务，帮助学生认清自身优势与不足，明确职业目标，并据此制定合理的职业规划。

（二）培养学生创新创业能力

在当今时代，创新创业已成为推动社会进步的重要力量，因此，高校创新就业教育课程体系设计中，培养学生创新创业能力显得尤为关键。为实现这一目标，课程体系必须深度融合创新创业教育理念，从多个维度激发学生的创新意识和创业热情。开设创新创业教育课程是首要之举。通过系统介绍创新创业理论、方法与实践案例，引导学生树立正确的创新观念，培养敢于尝试、勇于挑战的精神。同时，组织丰富多彩的创新创业实践活动也必不可少。这些活动不仅能让学生亲身体验创新创业的全过程，更能在实践中锻炼他们的批判性思维、问题解决能力和团队协作能力。此外，搭建创新创业平台也是关键一环。高校应积极与企业、行业、政府等多方合作，共同打造集资源共享、项目孵化、成果转化于一体的创新创业生态系统。

（三）实现教育与行业对接

实现教育与行业的对接，是高校创新就业教育课程体系设计的核心目标之一，该目标的实质，是确保高等教育的内容与方式与当前行业的发展趋势和市场需求保持紧密同步。为了达到这一目标，课程体系的设计者必须时刻关注行业动态，深入理解市场的人才需求，从而能够及时调整课程设置和教学内容，使之与行业需求相匹配。教育与行业的对接，不仅仅是教学内容的更新，更是教育模式的转变。高校需要积极与行业企业建立深度合作关系，这种合作不仅仅是表面的交流，而是深入课程开发、实训基地建设以及教学资源共享等多个层面。通过与企业的紧密合作，可以确保学生所学知识与实际工作场景紧密相连，使他们在学习过程中就能接触到真实的工作环境和任务。此外，这种对接还有助于提升学生的就业质量和职业发展前景，当学生所学的知识和技能与行业需求高度契合时，他们在求职过程中将更具竞争力，更容易获得优质的就业机会。

（四）构建完善的就业教育体系

构建完善的就业教育体系，是高校在创新就业教育课程体系设计中的又一关键目标。为了实现这一目标，高校需要整合校内外各种资源，包括企业、行业、政府等多方面的支持和合作，以形成一个完整、高效的教育生态。在这个体系中,职业教育、就业指导、实习实训、创新创业等环节应相互衔接、互为补充,共同构成一个多层次、全方位的就业教育网络。这样的设计旨在确保学生从入学到毕业,都能接受到连贯、系统的就业教育和指导,从而更好地为未来的职业生涯做好准备。此外,完善的就业教育体系还包括对教育效果的科学评价。高校需要建立一套客观、全面的评价体系,以监测和评估就业教育的实际效果,并根据反馈及时调整教育策略和内容。

三、课程体系设计的核心要素

(一)课程内容的选择与更新

在高校创新就业教育课程体系设计中,课程内容的选择与更新环节不仅是课程体系构建的基础,更是确保教育质量与时代需求紧密相连的关键。课程内容的选择,必须基于深入的行业调研和市场需求分析,以确保所教授的知识与技能能够紧密贴合当前及未来的职业环境。为了实现这一目标,课程设计者需要定期评估现有课程,这是一个持续且动态的过程,评估的目的在于及时发现并剔除那些过时或不再适应行业发展的内容,确保课程的时效性和前瞻性;同时,新的知识和技能点的引入也是必不可少的,要求课程设计者具备敏锐的行业洞察力,能够捕捉到新技术、新理念的发展趋势,并将其巧妙地融入课程之中。除此之外,课程内容的选择还应注重对学生综合素质的培养。在知识爆炸的时代,单纯的专业知识传授已无法满足社会对人才的全面需求,课程应涵盖批判性思维、团队合作能力、跨文化沟通等软技能的培养,以提升学生的整体竞争力。

(二)教学方法与手段的创新

传统的教学方法,如单一的讲授式教学,已难以适应现代学生的学习方式和需求,因此,探索并实施多元化、互动性强的教学方法势在必行。案例教学、项目式学习、翻转课堂等教学模式的引入,能够有效地激发学生的学习兴趣和主动性。这些教学方法强调学生的参与和体验,使他们在解决实际问题的过程中深化对理论知识的理解,并培养起自主学习和问题解决的能力。与此同时,现代技术手段的运用也为教学方法的创新提供了有力支持。在线教育平台、虚拟现实(VR)技术等的应用,不仅丰富了教学手段,还为学生创造了更加生动、直观的学习环境。教学方法与手段的创新,旨在构建一个充满活力、高效互动的教学环境,使学生在轻松愉悦的氛围中获得知识、提升能力,对于培养学生的创新思维和实践能力,以及推动高校教育质量的提升都具有深远影响。

（三）教学评价与反馈机制的建立

在高校创新就业教育课程体系中，通过科学、全面的教学评价，可以系统地收集和分析学生的学习情况，进而准确评估教学效果，为教学改进提供有力依据。教学评价应注重形成性评价与终结性评价的有机结合。形成性评价关注学生的学习过程，通过课堂表现、作业完成情况等方式，及时了解学生的学习进展和存在的问题，以便教师调整教学策略，提供个性化的指导。终结性评价则侧重于对学生学习成果的考核，通过期末考试、项目汇报等方式，全面评估学生对课程知识的掌握程度和应用能力。同时，建立有效的反馈机制对于教学体系的完善至关重要。通过定期的学生调查，可以收集学生对课程内容、教学方法、教师表现等方面的意见和建议，从而及时发现教学中的问题，并针对性地进行改进。

四、课程体系设计的实施策略

（一）顶层设计与规划

1. 明确指导思想

在确立课程体系设计理念时，必须坚决以学生为中心，意味着所有的课程设计、教学方法和评价机制都应围绕学生的实际需求和发展进行。同时，以行业需求为导向是确保教育与社会需求紧密相连的关键，它要求课程体系不仅要传授知识，更要培养学生的实践能力和职业素养。此外，强调课程的实用性、前瞻性和创新性，是为了让学生在日新月异的社会环境中保持竞争力。综合素质和职业能力的培养是现代教育的核心目标，它要求学生不仅具备扎实的专业知识，还要有良好的沟通能力、团队合作精神和创新能力。

2. 制定长远规划

学校应根据自身的定位和发展目标，深入分析区域经济的发展趋势和行业需求，从而制定与之相匹配的课程体系建设规划。这样不仅可以使教育与地方经济和社会发展紧密结合，还能确保学生所学知识与市场需求的高度契合。设立阶段性目标和具体指标，有助于对课程体系建设进行定期评估和调整，确保其始终沿着正确的方向发展。同时，这种规划和目标的设定也增强了课程体系建设的可评估性，使得教育质量和效果更加直观和可量化。

（二）组织与资源保障

1. 建立专项工作组

为了确保课程体系设计工作的专业性和高效性，必须成立一个由多方代表组成的专项工作组。该工作组应涵盖校领导以提供战略指导和政策支持，行业专家以引入市场前沿动态和行业需求，以及教师代表以确保教学内容的学术性和教育性。工作组的成立不仅有利于整合各方资源，还能促进不同领域间的交流与合作。通过明确各成员的职责和分工，可以确保课程体系设计工作的有序进行，从而提高整体工作效率，推动课程体系改革的深入实施。

2. 优化资源配置

课程体系建设的顺利推进离不开充足的资源支持，因此，必须加大对硬件和软件资源的投入力度，包括更新教学设备、扩建实训场地、开发在线教学平台等。这些资源的优化配置将有效提升教学质量和学习体验。同时，加强与行业企业的合作也是关键所在。通过与企业共享资源、共建实训基地，可以实现优势互补，共同培养符合市场需求的高素质人才，这种合作模式不仅有助于缩小学校教育与行业实际需求之间的差距，还能为学生提供更多实践机会和职业发展路径。

（三）教师培训与发展

1. 提升教师能力

为了不断提升教师的专业素养和教学能力，学校应定期组织教师参加行业内的专业培训、学术交流研讨等活动。通过这些活动，教师可以及时接触到行业前沿知识，了解最新的教育理念和教学方法，从而拓宽自身的知识视野和教学思路。此外，学校还应积极鼓励教师参与到课程开发和教材编写等工作中来，不仅能够让教师更加深入地理解课程内容，还能够提升他们的课程设计和实施能力。

2. 构建激励机制

为了充分调动教师参与课程体系建设的积极性和创造性，学校需要构建一套科学有效的激励机制。具体而言，可以设立课程体系建设成果奖励制度，对在课程体系设计中做出杰出贡献的教师给予适当的表彰和物质奖励。这种奖励制度能够激发教师的成就感和荣誉感，进而促使他们更加投入地参与到课程体系建设工作中。同时，学校还应为教师提供清晰的职业发展路径和广阔的晋升机会，让他们看到自己在教育领域的未来和希望。通过这种方式，可以进一步增强教师的工作动力和创新精神，推动课程体系建设不断向前发展。

（四）学生参与与反馈

1. 增强学生主动性

在教育过程中，为了增强学生的主动性，学校应鼓励学生积极参与到课程选择和教学评价等环节中。通过让学生自主选择课程,可以培养他们的自主学习意识和兴趣导向,使学习更加个性化和有针对性。同时,让学生参与教学评价,不仅可以及时收集他们对教学效果的反馈,还能增强他们的责任感和归属感。此外,设立学生创新实践项目也是提升学生主动性的有效途径。

2. 建立反馈机制

为了确保课程体系的持续优化和适应性,学校应定期收集学生对课程体系的意见和建议,这可以通过问卷调查、座谈会等多种形式实现。通过及时了解和掌握学生的学习需求和动态,学校能够更准确地把握教学过程中的问题和不足,进而做出针对性的调整。根据学生反馈调整课程内容和教学方法,不仅可以提升教学的针对性和实效性,还能确保课程体系始终符合学生的学习期望和行业需求。

第二节　核心课程与选修课程的设置

一、核心课程内容与结构安排

(一)基础知识体系的构建

核心课程在高等教育体系中占据着举足轻重的地位,其根本目的在于为学生构筑一个坚实且全面的基础知识体系。这一体系的构建,不仅要求课程内容能够详尽地涵盖学科的基本原理、核心概念和关键理论,更需确保学生能够通过学习,获得系统而深入的知识训练。为实现这一目标,必须对课程内容进行细致的筛选与整合,以剔除冗余和重复的部分,从而使得课程内容更为精炼、高效。在此过程中,应着重关注知识点之间的内在联系与逻辑顺序,以确保学生能够循序渐进地掌握知识,逐步构建起完整的知识框架。同时,基础理论知识的掌握并非核心课程的唯一目标,更为重要的是培养学生运用所学知识解决实际问题的能力。因此,在构建基础知识体系的过程中,必须注重理论与实践的有机结合。这意味着,在课程设计中,应融入丰富的实例分析和问题解决环节,以引导学生在掌握理论知识的基础上,能够灵活地将其应用于实际情境中,从而提升他们的实践能力和问题解决能力。

(二)技能培养与实践应用

现代高等教育不再仅仅满足于纸上谈兵,而是更加注重学生的实际操作能力和问题解决能力。因此,课程设计必须包含专门的技能训练模块,如实验操作、项目实践等,这些模块的设置旨在提升学生的动手能力,使他们在亲身实践中深化对专业知识的理解。为了更有效地培养学生的实践能力,应引入真实的案例分析与实践项目。这些案例和项目应紧密围绕课程内容,具有代表性和启发性,能够让学生在实践中学习,在学习中实践。通过这种方式,学生不仅能够加深对专业知识的理解,更能培养解决实际问题的能力,为将来的职业发展奠定坚实的基础。

(三)课程更新与动态调整

核心课程作为高等教育的基石,必须保持与时俱进,以适应不断变化的社会需求和行业发展。这就要求定期审视课程内容的时效性,及时淘汰那些过时或不再适用的知识点,确保课程内容始终与行业发展紧密相连。同时,根据行业发展趋势和市场需求,应不断更新课程内容,以反映最新的学术成果和行业实践。这不仅有助于学生了解行业的最新动态,更能使他们在未来的职业生涯中保持竞争力。为了实现这一目标,必须建立灵活的课程调整机制。这种机制应能够快速响应外部变化,及时调整课程内容和教学方向,以保持课程的前沿性和实用性。通过这种动态调整,可以确保核心课程始终与行业需求保持同步,为学生提供最具实用性和前瞻性的教育。

二、选修课程的多样性与灵活性

(一)拓展知识领域的选修课程

选修课程在高等教育体系中承载着重要的功能,其中之一便是有效地拓展学生的知识领域。这一目标的实现,依赖于多元化的课程设计,特别是跨学科选修课程的开设。通过这类课程,传统的学科壁垒得以打破,学生有机会接触到不同领域的知识,从而促进其知识的多元化和综合化发展。此举不仅有助于拓宽学生的知识视野,更能够培养他们多角度、全方位地思考问题的能力。为了进一步丰富学生的学术视野,前沿科技与人文社科课程的引入显得尤为关键。这类课程能够让学生接触到科技发展的最新动态以及人文社科领域的深邃思想,从而培养他们的创新思维和批判性思考能力。同时,国际化视野的课程选项也是不可或缺的。在全球化日益加速的今天,培养学生的全球意识和跨文化交流能力显得尤为重要。

(二)个性化学习路径的设计

选修课程应秉承尊重学生个性化需求的原则,为学生提供更加自主和灵活的学习选择,这意味着,学生应被允许根据自身的兴趣和职业规划来自主选择课程,从而满足他们个性化的学习需求。为了实现这一目标,课程设计者需提供不同难度级别的课程选项,以适应不同学生的学习能力和挑战欲望。这种差异化的课程设计,不仅能够激发学生的学习兴趣,更能够让他们在挑战中不断成长和进步。此外,支持学生根据个人兴趣制订学习计划也是至关重要的。通过实现个性化学习路径的设计,学生能够更加自主地规划自己的学习进程,选择符合自己兴趣和需求的课程。这种学习方式不仅能够提升学生的学习动力,更能够培养他们的自主学习能力和创新思维。同时,教师也应在学生制订学习计划的过程中给予必要的指导和建议,以确保学生的学习路径既符合他们的个性化需求,又能够达到预期的学习效果。

(三)灵活多样的教学方法与手段

在选修课程的教学过程中,采用灵活多样的教学方法与手段不仅能够适应不同学生的学习风格和需求,更能够提升教学效果和学习体验。利用在线教学平台丰富教学手段便是一种有效的途径。通过采用慕课、微课等新型教学模式,教师可以更加高效地传授知识,同时增强教学的互动性和趣味性。此外,混合式教学模式也是一种值得推崇的教学方法。这种教学模式结合了线上线下的教学资源,让学生在不同的学习环境中都能够获得良好的学习效果。通过线上学习,学生可以更加自主地掌握学习进度和内容;而线下教学则能够提供更加直观和实时的学习反馈,帮助学生及时解决学习中的问题和困惑。同时,随着教育技术的不断发展和学生学习需求的变化,教师应不断探索和尝试新的教学方法,以满足学生的实际需求。

三、核心课程与选修课程的衔接与互补

(一)课程之间的逻辑关联与递进

在高等教育课程体系中,核心课程与选修课程之间的逻辑关联与递进关系的建立,是确保教育连贯性和深度的关键。选修课程不应当仅仅作为独立的单元存在,而应当与核心课程形成有机的衔接,为学生提供更深层次、更广阔领域的知识探索机会。这种衔接不仅体现在知识内容的延续上,更体现在认知层次和思维方式的提升上。为了实现这一衔接,选修课程的设计应当以深化核心课程的理解和应用为目标。这意味着选修课程的内容应当是对核心课程知识点的有效延伸和拓展,帮助学生在已有知识基础上进行更深入的探究和学习。通过这种设计,学生能够在选修课程中接触到更为复杂、更具挑战性的问题,从而提升他们的思维能力和解决问题的能力。同时,为了形成系统完整的知识体系,构建课程群以整合相关课程资源显得尤为重要,课程群的建设应当以核心课程和选修课程为基础,通过整合不同课程之间的相关内容,形

成一个有机整体。

(二)资源共享与优化配置

核心课程与选修课程之间应当实现教学资源的共享,这包括教材、实验设备、企业实践基地等优质资源的共享。通过共享这些资源,不仅可以提高资源的利用效率,降低教学成本,还能够确保学生在不同课程中接触到一致且高质量的教学资源。除了物质资源的共享外,教师资源的优化配置也是至关重要的。鼓励优秀教师跨课程授课,不仅可以提升整体教学质量,还能够促进不同课程之间的交流与融合。这种跨课程的授课方式有助于打破学科壁垒,为学生提供更为丰富和多元的学习体验。同时,加强课程之间的实践环节协同也是实现资源共享和优化配置的重要手段。通过协同实践教学,可以形成实践教学的合力效应,提高实践教学的效果和质量,这种协同不仅体现在实践教学的内容设计上,还体现在实践教学的组织实施和评价反馈上。

(三)学生综合能力的培养与提升

选修课程作为核心课程的延伸和拓展,能够为学生提供更为广泛的知识领域和学习机会,从而拓宽学生的知识视野。这不仅有助于增强学生的综合素质和竞争力,还能够为他们的未来发展奠定坚实的基础。同时,通过选修课程的学习,学生可以接触到更多元化的知识领域和思维方式,这有助于培养他们的批判性思维和创新能力。在多元化的知识领域中探索和创新,学生能够形成更为开放和灵活的思维方式,提升他们的创造力和解决问题的能力。此外,核心课程与选修课程的衔接与互补还有助于提升学生的就业竞争力和职业发展潜力。通过全面的课程学习和实践锻炼,学生能够更好地适应未来社会的需求和挑战,为他们的职业发展奠定坚实的基础。

四、课程设置与行业需求对接策略

(一)课程设置原则

1. 实用性原则

在高等教育课程设置中,实用性原则强调课程设置应紧密结合行业实际需求,其核心理念在于确保所传授的知识与技能能够无缝对接实际工作场景,从而提升学生的职业素养和就业竞争力。为了实现这一目标,教育机构需要定期开展深入的行业需求调研,通过科学的数据分析和行业趋势预测,准确把握市场对人才的具体需求。在此基础上,课程内容和教学方向应得到及时调整,以确保教育内容与行业发展的紧密同步,不仅有助于保持教育的时效性和实用性，还能够更好地满足学生个人职业发展的需求，为社会培养出更多符合行业要求的高素质人才。

2. 灵活性原则

在当今快速变化的社会环境中，灵活性原则要求课程设置应具备足够的弹性，以便能够迅速适应行业变化并做出相应调整。为了实现这一目标，引入模块化课程设计成为一种有效的手段。模块化课程设计允许教育机构根据实际需求灵活增减课程内容，从而更好地满足学生和市场的双重需求。这种设计方式不仅提高了教学资源的利用效率，还能够确保课程内容的时效性和前瞻性。同时，灵活性原则也鼓励教育机构不断探索和创新教学方式方法，以适应不同学生的学习风格和兴趣特点。通过这种灵活多变的课程设置，教育机构能够更好地培养出既具备扎实专业知识，又能够适应未来社会变化的复合型人才。

（二）行业需求调研与分析

1. 调研方法

问卷调查作为一种量化的研究手段，能够广泛地收集行业内部对于人才技能和知识需求的普遍看法。通过精心设计问卷，可以系统地了解行业内对特定职位或角色的期望和要求。而访谈则提供了一种更为深入、实质性的研究途径，通过与行业专家、企业管理层以及一线员工进行面对面的交流，可以捕捉到问卷调查难以触及的细微之处，如行业趋势、隐性知识需求等。此外，行业报告作为一种宏观的、综合性的信息来源，能够提供行业的整体概况和发展动向，从而帮助预测未来人才的需求方向。与企业建立稳固的合作关系，并进行定期的沟通与交流，不仅可以实时了解企业对人才的最新需求，还能确保课程设置的时效性和针对性，使教育内容始终与行业动态保持同步。

2. 需求分析

需求分析是课程设置过程中不可或缺的一环，涉及对通过调研收集到的海量信息进行细致的整理与深入的分析。这一过程的目的是明确行业对人才在技能、知识和职业素养等各个方面的具体要求。技能方面，需要识别出哪些技能是行业所看重的，哪些是未来发展的关键技能；知识结构方面，要厘清行业对专业知识、跨学科知识以及实际应用知识的需求层次；职业素养方面，则要挖掘出行业对人才态度、价值观和职业道德的期望。完成这些分析后，还需结合教育机构自身的师资力量、教学资源以及教育目标，进行综合考量，以确保所制定的课程设置方案既符合行业需求，又能充分发挥学校的教育优势。

(三)课程设置优化与实施

1. 课程内容优化

在高等教育中,课程内容的优化是提升教育质量的关键步骤,这一优化过程应当以行业需求调研结果为基础,深入剖析当前行业的发展趋势和未来需求,从而有针对性地更新课程内容。新技术和新知识的引入是确保课程前沿性的重要手段,它们能够帮助学生更好地适应未来职场的变化和挑战。同时,加强实践环节的设计也是不可或缺的,通过增加实验、实训等实践性教学内容,可以显著提高学生的实际操作能力和解决问题的能力,使教育更加贴近实际,为学生的职业发展奠定坚实的基础。

2. 教学方法改进

教学方法的改进是增强教学效果和学生学习体验的重要途径,案例教学、项目式教学等互动式教学方法的采用,能够激发学生的学习兴趣和主动性,使他们在积极参与的过程中更好地理解和掌握所学知识。这些教学方法强调学生的主体地位,鼓励他们通过自主探究和合作学习来解决问题,从而培养创新思维和实践能力。此外,加强校企合作也是教学方法改进的重要方面,通过与企业合作开展实践教学,可以为学生提供更多真实的职业环境和实践机会,促进理论与实践的紧密结合。

第三节　实践教学与实习实训的强化

一、实践教学的重要性

(一)提升学生实践操作能力

实践教学在高等教育体系中的地位举足轻重,其核心价值之一便是对学生实践操作能力的显著提升。通过亲身参与实践活动,学生得以将课堂上抽象的理论知识转化为具体、实用的操作技能。在这一过程中,学生不仅锻炼了动手能力,更在真实的环境中深化了对专业知识的理解与应用。这种实践操作能力的强化,不仅使学生能够更加熟练地掌握和运用所学知识,而且为他们的未来职业生涯奠定了坚实的基础。从长远来看,这种能力的提升将有助于学生在专业领域内更好地适应和应对各种实际挑战,从而实现个人职业发展的长足进步。

（二）培养解决实际问题能力

实践教学在高等教育中的另一个显著贡献是培养学生解决实际问题的能力，在现实生活中，问题往往呈现出复杂多变的特性，这就要求个体能够综合运用多样化的知识和技能去寻求解决方案。通过实践教学，学生有机会接触到真实且具有挑战性的问题情境，从而学习并掌握问题分析和处理的方法论。在这一过程中，学生不仅提升了自身的问题解决能力，更培养了批判性思维和创新精神。这种能力的培养对于提高学生的全面素质以及提高他们适应社会变化的能力具有深远的意义。通过实践教学，学生能够更好地将理论知识与实践相结合，进而在未来的工作和生活中更加游刃有余地应对各种挑战。

（三）促进理论与实践相结合

在传统的课堂教学环境中，学生经常面临理论知识与实际应用脱节的问题，难以将抽象的概念与具体实践相联系。然而，通过实践教学的引入，学生得以在实践中亲自验证和巩固所学的理论知识，这一过程不仅增强了学生对知识的直观理解，也加深了他们的记忆深度。更为重要的是，这种理论与实践的紧密结合有助于增强学生的学习效果，使他们在理解知识的同时，也培养了灵活运用知识的能力。此外，实践教学还鼓励学生在实践中探索和创新，从而进一步培养了他们的创新思维和实践能力，为未来的学术研究和职业发展奠定了坚实基础。

（四）增强学生就业竞争力

随着市场经济的不断发展和全球化的深入推进，用人单位对人才的选拔标准也日益提高，除了要求具备扎实的专业知识外，更看重应聘者的实践经验和解决实际问题的能力。实践教学为学生提供了一个展示自己才能和积累实践经验的平台，使他们能够在校期间就接触到与未来职业相关的实际工作环境和任务。通过参与实践教学活动，学生不仅能够提升自己的专业技能和综合素质，还能在团队合作、项目管理等方面得到锻炼，从而更加全面地满足用人单位的需求。因此，实践教学在增强学生就业竞争力方面具有不可替代的作用，有助于学生顺利融入职场并实现个人职业价值。

二、实习实训在创新教育中的作用

（一）实习实训与创新思维培养

实习实训作为高等教育体系中的一个重要组成部分，其意义远超过单纯的专业技能提升。更为关键的是，它在培养学生的创新思维方面发挥着举足轻重的作用。在实习实训的过程中，学生将置身于真实的工作环境中，直面各种复杂多变的工作场景和问题。这样的情境要求他们不仅运用所学的专业知识，更要学会如何将这些知识灵活应用于实际问题的解决中。在这一过程中，学生需要对所学知识进行综合运用，并从多个角度对问题进行深入思考。这种跨学科的思维方式和多角度的分析方法，有助于他们打破传统的思维定式，从而激发出新的创新思维。实习实训的经历不仅能够锻炼学生的问题解决能力，更重要的是，它培养了学生从不同视角审视问题、寻找创新解决方案的能力。

（二）实际操作中的创新实践机会

实习实训环节为学生提供了大量的实际操作机会，这些机会远非简单的理论知识验证，而是一个真正意义上的创新实践平台。在实际操作中，学生不可避免地会遇到各种预期之外的挑战和情况，这些情况要求他们不仅要有扎实的专业知识，更需要具备创造性地解决问题的能力。面对实际操作中的种种难题，学生需要调动自己的知识储备，结合实际情况，创造性地提出解决方案。这种在实践中不断探索和创新的过程，极大地锻炼了学生的创新实践能力。通过实习实训，学生不仅能够更加深入地理解和掌握所学知识，更能够在实践中培养出一种勇于面对挑战、善于创新解决问题的精神，这种精神和实践能力，将使学生在未来的职业生涯中更加自信、从容地应对各种挑战，实现个人价值的最大化。

（三）激发学生创新意识和创造力

实习实训以其独特的现场性和实战性，为学生提供了一个难得的学习与实践相结合的机会。在这一过程中，学生能够亲身感受到知识从抽象到具体，从理论到实践的转化过程。当他们看到自己的努力和智慧转化为实际的工作成果时，那种由衷的成就感和满足感会极大地激发他们的学习热情和探索欲望。更为重要的是，这种亲身体验知识转化为实际成果的过程，能够深刻地触动学生的内心，激发他们的创新意识和创造力。在实习实训中，学生不再是被动地接受知识，而是需要主动地发现问题、分析问题和解决问题。他们会不断地遇到新的挑战和问题，这些问题往往没有现成的答案，需要学生发挥自己的创造力，从不同的角度去思考和探索。

（四）实习实训中的团队协作与创新能力

实习实训中的团队协作环节对于培养学生的团队协作能力与创新能力具

有重要意义。在此过程中，学生被要求以团队的形式共同完成任务，这不仅能够锻炼他们的团队协作能力，更为其创新能力的培养提供了有利的环境。在团队中，每个学生都能根据自己的专长和兴趣承担相应的责任和任务，通过有效的沟通和协作共同解决问题。这种团队协作的氛围能够极大地激发学生的集体智慧和创新思维。在相互交流和借鉴中，学生能够不断拓展自己的思维边界，发现新的观点和解决问题的方法。同时，团队协作还能够培养学生的沟通能力和合作精神，使他们学会如何在团队中发挥自己的作用，为团队的成功做出贡献。

三、校内实践教学平台的建设与管理

（一）构建多功能实践教学平台

构建多功能实践教学平台的设计理念应着眼于提供全面、系统的实践教学环境，以支持学生的全面发展。平台需融合理论教学、实践操作、技能培养以及创新创业等多重功能，以满足学生多元化的学习需求，进而促进其综合素质的全面提升。多功能实践教学平台的构建，应围绕各类专业实验室、模拟实训室以及创新创业中心展开。这些设施不仅为学生提供了从基础理论学习到实际操作的桥梁，更为其创新实践提供了广阔的舞台。在这样一个全方位的学习体验中，学生能够将理论知识与实践操作紧密结合，进而深化对专业知识的理解与应用；同时，通过创新创业中心的设立，平台鼓励学生积极探索、勇于创新，培养其创新思维和创业能力。

（二）整合与优化实践教学资源

为提高实践教学的效果与质量，必须对校内实践教学资源进行全面的整合与优化，这一过程中，应对各类实验室、教学设备、软件资源等进行统一规划与管理，以确保资源的合理配置和高效利用。通过建立健全的资源管理体系，可以避免资源的重复建设和浪费，从而实现教学资源的最大化利用。同时，实践教学资源的整合与优化还需紧跟学科发展的步伐，密切关注行业动态和技术革新。根据学科特点和学生实际需求，应不断更新和升级实践教学资源，确保其先进性和实用性。这不仅包括引进最新的实验设备和技术，还包括对教学方法和内容的持续创新。通过这样的整合与优化措施，能够为学生提供更加丰富、高效的实践教学环境，进而提升其专业技能和综合素质。

（三）完善实践教学管理制度

完善实践教学管理制度对于确保实践教学的质量至关重要，它是实践教学体系稳健运行的基石。为了构建这样一个制度,需要综合考虑实践教学的特殊性,并从中抽象出一套科学、规范的管理原则和方法。明确实践教学的目标、内容、方法和评价标准是第一步,这能为教师提供清晰的指导,也能确保学生在学习过程中有明确的方向。管理制度中,应特别强调对实践教学过程的监督和指导。这不仅包括对学生的实践操作的监督,确保他们得到充分的实践机会,还包括对教师指导过程的监督,以保障每一位学生都能得到有效的指导。此外,一个健全的反馈机制也是不可或缺的,它能及时收集并整合学生和教师的意见和建议,进而为实践教学管理的持续优化提供有力的支撑。

(四)提升实践教学师资队伍水平

在实践教学体系中,师资队伍的水平直接关系着教学质量的高低,因此,提升实践教学师资队伍的水平成为校内实践教学平台建设中的一项核心任务。为了达成这一目标,应制订全面的教师培训计划,并加大对优秀教师的引进力度。这不仅能提高教师的专业素养,还能使他们在实践教学方面具备更强的能力。除此之外,鼓励教师积极参与实践教学的研究和改革也是关键。通过不断创新实践教学方法和手段,教师可以更好地适应学生的需求,提供更高效、更有针对性的指导,不仅有助于提升实践教学的质量,还能为培养高素质人才提供坚实的师资保障。

四、校企合作,深化实践教学内涵

(一)校企合作模式与机制探索

在校企合作的框架内探索合作模式与机制,是提升实践教学质量的关键策略,这种合作不仅涉及资源共享,更在于双方需求的深度对接与优势互补。学校拥有丰富的研究资源和人才储备,可以为企业提供研发支持和专业人才的培养;而企业则掌握着市场动态和先进的生产技术,能为学校提供宝贵的实习实训机会以及行业前沿信息。这种合作模式旨在打破传统教育与市场需求的隔阂,使教育资源与市场动态紧密结合。通过共建实验室、开展产学研合作项目等方式,校企双方可以实现更深层次的资源共享和互利共赢。这不仅有助于学校教学内容的更新和教学方法的改进,还能为企业提供更具针对性的研发服务和人才输送。在长期稳定的合作关系中,学校和企业共同培养出既具备理论知识又具备实践经验的高素质人才,从而推动整个社会的科技进步和产业升级。

(二)企业参与实践教学的方式与效果

企业在实践教学中的参与方式多样,包括但不限于提供实习岗位、指导毕业设计以及参与课程设置等。这些方式为学生提供了直接接触实际工作场景的机会,有助于培养其职业素养和实际操作能力。例如,通过在企业实习,学生可以亲身体验工作流程,了解行业规范,从而更好地将理论知识应用于实践中。同时,企业通过参与实践教学,也能提前选拔并培养符合自身需求的人才,为企业的长期发展储备力量。这种校企联动的培养模式,不仅提升了学生的综合素质和就业竞争力,还为企业带来了源源不断的人才支持。实践证明,企业参与的实践教学是一种行之有效的教育模式,对于提高学生的职业素养和实际操作能力具有显著效果,也为企业的可持续发展注入了新的活力。

(三)校企合作中的知识产权保护与利益分配

在校企合作的过程中,知识产权保护和利益分配问题不容忽视,它们是确保合作顺利进行并维持双方长期关系的基础。校企合作往往涉及技术创新和研发成果,因此明确合作成果的归属权和使用权至关重要。这不仅可以避免潜在的法律纠纷,还能确保双方对合作成果享有合理的权益。为实现这一目标,双方应共同制定详细的合作协议,并在协议中明确规定知识产权的归属、使用、转让等相关条款。同时,建立专门的知识产权管理机构或指定专人负责知识产权事务,以确保知识产权得到专业、有效的保护。在利益分配方面,双方应秉持公平、合理的原则,根据各自在合作中的贡献和风险承担情况,制定合理的利益分配机制。这不仅能激发双方的积极性,还能为未来的合作奠定良好的基础。此外,校企合作不应仅局限于技术研发阶段,更应积极推动科技成果的转化和应用,通过将学术研究成果转化为具有市场竞争力的产品或服务,实现学术价值与经济价值的双赢。

(四)深化校企合作,共同推进实践教学发展

为持续深化校企合作并共同推进实践教学的发展,双方需建立稳固而高效的沟通与合作机制,包括定期举行沟通会议,以便及时了解并响应彼此的需求变化,从而调整和优化合作策略。通过这样的机制,可以确保校企合作始终保持在最佳状态,实现教育资源和市场需求的紧密结合。同时,校企双方应共同致力于教学研究和课程改革。这意味着将行业的最新动态和先进技术引入教学内容中,使学生能够接触到最前沿的知识和技能。通过不断更新和完善课程体系,可以培养出更加符合市场需求的高素质人才。此外,通过举办校企合作论坛等活动,可以汇聚更多的智慧和资源,共同探讨实践教学的未来发展。开展产学研合作项目也是深化校企合作的有效途径,它不仅能拓展合作的广度和深度,还能促进实践教学与实际应用的紧密结合。

五、实习实训过程中的学生管理与指导

（一）实习实训前的准备与动员

实习实训前的准备与动员环节，其重要性不容忽视，此阶段，学校需对学生进行系统且全面的教育和指导，以确保他们对即将到来的实习实训有充分的认识和准备。这不仅涉及对实习实训目的和意义的深入阐释，还包括对学生可能面临挑战的预警和应对策略的讲解。通过动员会等形式，学校应详细介绍实习单位的基本情况，包括单位背景、业务范围及发展前景等，以帮助学生更好地融入实习环境。同时，对实习的具体任务和目标进行明确，使学生能够清晰地了解自己的实习职责和期望成果。在安全教育和纪律要求方面，学校应着重强调实习期间的安全注意事项，包括工作安全、人身安全以及信息安全等，以提高学生的自我防护能力。同时，明确实习期间的纪律要求，规范学生的行为举止，以维护学校和实习单位的良好形象。此外，针对学生可能存在的心理压力和困惑，学校还应提供必要的心理辅导，帮助他们调整好心态，以积极、自信的态度迎接实习实训的挑战。

（二）实习实训过程中的监督与指导

在实习实训的展开过程中，有效的监督与指导机制是确保实习质量的核心环节，学校与企业应建立紧密的合作关系，共同承担起对学生实习过程的监督责任。这种监督不仅应涵盖对学生实习进度的定期追踪，还应包括对学生工作质量和工作态度的全面评估。通过定期的进度检查，可以及时发现学生在实习过程中遇到的问题和困难，并给予及时的指导和帮助。同时，指导教师应充分发挥其专业优势和实践经验，为学生提供必要的指导和支持。这包括解答学生在实习过程中遇到的专业问题，提供实际操作技能的指导，以及帮助学生分析和解决实习中遇到的实际问题。此外，鼓励学生主动与企业和指导教师进行沟通交流也是至关重要的。

（三）实习实训成果的评价与反馈

实习实训结束后，对学生的实习成果进行客观、全面的评价是不可或缺的一环，不仅是对学生实习期间表现的一种认可，更是对他们未来职业发展方向的有益指引。在评价过程中，应结合多方面的信息进行综合考量，包括学生的实习报告、企业的反馈意见以及指导教师的观察记录等。通过多角度、多维度的评价，可以更准确地反映学生在实习过程中的真实表现和成长情况。同时，及时给予学生反馈也是至关重要的，反馈内容应具体、明确，既肯定学生在实

习过程中的优点和成绩，也指出他们存在的不足和问题，并提出针对性的改进建议。

第四节　跨学科融合与个性化教学

一、跨学科融合的意义

（一）提升综合素质与创新能力

跨学科融合对于提升学生的综合素质具有显著意义。在多元化的知识体系中，学生不再局限于某一学科领域，而是能够接触到更加广泛的知识和信息。这种融合式学习有助于学生形成全面的知识结构，提高分析问题和解决问题的能力。同时，不同学科之间的思维碰撞能够激发学生的创新思维，培养他们的创新能力。通过跨学科的学习和实践，学生可以学会从不同角度思考问题，提出新颖的解决方案，从而在未来的职业生涯中更具竞争力。

（二）拓宽就业领域与机会

在当今社会，行业间的界限逐渐模糊，许多新兴领域和职业需要具备跨学科背景的人才。跨学科融合能够使学生掌握多个领域的知识和技能，从而拓宽他们的就业领域与机会。例如，在科技、艺术、商业等领域交叉融合的背景下，具备跨学科素养的学生能够更好地适应这些领域的发展需求，抓住更多的就业机会。此外，跨学科融合还有助于学生培养跨界的视野和思维方式，增强他们在职场中的适应性和灵活性。

（三）培养复合型人才的需求

随着社会的快速发展和技术的不断进步，单一的专业技能已经难以满足复杂多变的工作环境需求。跨学科融合正是为了培养具备多种能力和素质的复合型人才而提出的。通过跨学科的学习和实践，学生可以掌握不同领域的知识和方法，形成多元化的能力结构。这种复合型人才不仅具备深厚的专业素养，还具备良好的沟通协作能力、创新能力和解决问题的能力。他们能够在面对复杂问题时，综合运用所学知识和方法，提出有效的解决方案，从而更好地适应社会发展的需求。

二、跨学科课程的设计与实施

(一)设计理念与目标

1. 以学生为中心

以学生为中心即意味着跨学科课程的设计与实施需要紧紧围绕学生的需求和发展来展开。这不仅要求课程内容和教学方法符合学生的认知水平和兴趣点,更要求课程能够促进学生能力的全面提升。通过深入了解学生的特点,为他们量身定制合适的学习路径,从而确保学生在跨学科学习中能够真正发挥主体作用,实现自我价值的最大化。

2. 注重实践应用

注重实践应用是指在跨学科课程设计中,应将理论知识与实际问题紧密结合,强调知识的实践运用。课程设计者需深入挖掘现实生活中的问题,将其融入课程教学中,使学生在学习过程中能够直观地感受到知识的实用价值,通过实践操作,学生不仅能够加深对理论知识的理解,还能培养解决实际问题的能力。

(二)课程设计策略

1. 整合不同学科知识

在跨学科课程的设计中,整合不同学科知识是至关重要的环节,该过程中需要精心选择具有内在逻辑关联和相关性的学科内容,以确保它们能够形成一个有机且连贯的知识体系。通过深入分析各学科的核心概念和原理,可以找到它们之间的交叉点和互补性,从而实现知识的有效融合。为避免内容的重复或遗漏,必须对选定的学科知识进行细致的梳理和调整,确保其既无冗余又无遗漏,这样构建出的跨学科课程才能更具深度和广度。

2. 创新课程结构与内容

跨学科课程的创新不仅体现在内容的整合上,更体现在课程结构的重塑上,为了打破传统学科的界限,需要构建一个以问题或项目为导向的全新课程结构。这种结构能够引导学生从多角度、多层次去分析和解决问题,从而提升他们的综合能力和创新思维。同时,为了保持课程的时效性和实用性,必须及时引入前沿科技和当前社会的热点问题,激发学生的学习兴趣,使他们在学习过程中更好地理解和把握时代发展的脉搏。

3. 强化实践环节

实践是检验真理的唯一标准,也是提升学生动手能力和解决实际问题能力的关键途径,在跨学科课程中,应特别注重实践环节的设计和实施。通过实验、调研、案例分析等多样化的实践活动,学生可以亲身参与并体验知识的应用过程,从而加深对理论知识的理解。此外,鼓励学生积极参与课外科技活动或竞赛,不仅能拓宽他们的实践平台,还能培养他们的团队协作精神和创新意识。

(三)实施步骤与方法

1. 教学团队建设

为了确保课程的深度和广度,必须组建具备多学科背景的教学团队,这样的团队能够汇聚来自不同领域的专家,他们共同承担教学任务,为学生提供多元化的知识视角。同时,加强教师培训也是不可或缺的一环。通过系统的培训,教师可以提升自己在跨学科教学中的能力和水平,更好地应对复杂多变的教学环境,从而确保跨学科课程的教学质量。

2. 教学方法改革

传统的单一教学方法已无法满足跨学科教学的需求,因此,必须探索并采用更为多样和灵活的教学方法。研讨式、案例式、项目式等教学方法能够激发学生的学习兴趣,培养他们的主动学习和合作探究能力。此外,利用现代信息技术手段,如在线教育平台、虚拟现实技术等,可以进一步丰富教学手段,为学生提供更加生动、直观的学习体验。

3. 课程评价与反馈

为了全面评估学生的学习成果,必须建立多元化的评价体系,该体系应涵盖知识掌握、能力发展、学习态度等多个方面,以全面反映学生的学习状况。同时,定期收集学生和教师的反馈意见也是至关重要的。这些反馈意见能够为课程内容和教学方法的调整提供有力依据,确保课程始终与时俱进,满足学生的学习需求,通过评价与反馈的有机结合,可以不断提升跨学科课程的教学质量和学生的学习效果。

三、个性化教学的理论基础

(一)因材施教的教育理念

因材施教,作为个性化教学的核心理念,深刻体现了教育的人文关怀和科学性,它强调教育实践中应充分考虑每个学生的独特性,包括他们的性格特点、兴趣爱好、认知能力以及发展潜力等诸多方面。这一理念的提出,可以追溯到古代教育家的教育智慧,他们敏锐地观察到每个学生都是独一无二的个体,因此在教学方法和内容的选择上,必须因人而异,以最大限度地发挥每个学生的潜能。在现代教育的语境下,因材施教被赋予了更为丰富的内涵和实践意义。它要求教师不仅具备深厚的学科知识,更要拥有敏锐的观察力和个性化的教学策略。教师需要深入了解每个学生的学习特点和心理需求,根据他们的学习风格和节奏来灵活调整教学方法,从而创造出一个最适合学生学习的教育环境。

(二)学生个体差异的识别与尊重

学生个体差异是教育领域中一个不可忽视的重要现象,它构成了个性化教学的基础和前提,每个学生都拥有其独特的学习方式、兴趣爱好和潜在能力,这些因素相互交织,共同塑造出他们独特的学习风格。因此,识别和尊重学生个体差异,对于提升教学质量、促进学生全面发展具有至关重要的意义。在个性化教学的实践中,教师需要具备高度的敏感性和专业性,以便准确识别每个学生的个体差异。这包括对学生的认知能力、情感态度、学习动机等方面的细致观察和分析。通过深入了解学生的个体差异,教师可以更准确地把握学生的学习需求和偏好,从而为他们量身定制出更加贴合实际的教学方案。尊重学生个体差异不仅体现在教学方案的制定上,更贯穿于整个教学过程的始终,教师需要以开放、包容的态度接纳学生的多样性,鼓励他们在学习过程中展现自己的个性和特长;同时,教师还应关注学生的学习体验,及时调整教学策略,以确保每个学生都能在舒适、愉悦的氛围中获得最佳的学习效果。

(三)个性化教学计划的制订

个性化教学计划是实现个性化教学的关键环节,要求教师根据每个学生的具体情况,精心制定出一份独特且全面的教学方案。这份计划不仅关乎学生的学术发展,更涉及他们的情感需求、学习风格以及长远发展目标的综合考虑。在制订个性化教学计划时,教师需充分运用教育心理学、学习科学等领域的理论知识,结合学生的实际情况进行深入分析。学术能力的评估是计划制定的基础,教师需要准确把握每个学生的知识水平和思维能力,以便为他们设定合适的学习目标。同时,情感需求的关注也是不可或缺的,教师应致力于创造一个积极、支持性的学习环境,以激发学生的学习兴趣和自信心。此外,学习风格的尊重和发展目标的引导同样重要,教师应根据学生的独特学习方式来调整教学内容和方法,使教学更加符合学生的学习习惯;同时,教师还应引导学生设定明确、可行的发展目标,帮助他们在学习过程中保持清晰的方向感和动力。

四、实施个性化教学的策略与方法

（一）个性化教学理念的确立

1. 尊重学生个体差异

每个学生都是独一无二的个体，他们拥有不同的学习风格、兴趣和潜能，是由他们的家庭背景、社会环境以及个人经历等多种因素共同塑造的。因此，在教学过程中，教师应深刻认识到学生的个体差异性，避免采用“一刀切”的标准化教学方式。相反，教师应根据每个学生的特点和需求，采用灵活多样的教学方法和策略，以适应学生的个性化发展。这不仅有助于提高学生的学习积极性和效率，还能促进他们的全面发展，实现教育的真正价值。

2. 以学生发展为本

以学生发展为本是现代教育理念的核心，强调教育应关注学生的全面发展，包括知识、技能、情感态度和价值观等多个方面。在这一理念的指导下，教师需要转变传统的教学观念，从单纯的知识传授者转变为学生学习和发展的引导者和促进者。通过设计丰富多样的教学活动，提供多元化的学习资源，教师可以帮助学生掌握扎实的基础知识，培养他们的创新思维和实践能力，同时引导他们形成积极健康的情感态度和正确的价值观。

（二）个性化教学策略的制定

1. 定制化学习路径设计

定制化学习路径设计是个性化教学的重要组成部分，强调根据学生的个体差异，包括学习风格、兴趣以及能力水平，量身打造独特的学习轨迹。通过深入了解学生的特点和需求，教师可以为每位学生规划出最适合其发展的学习道路。这一过程中，提供多样化的学习资源和活动是关键，它们能够满足学生不同的学习方式和兴趣偏好，从而激发他们的学习动力，增强学习效果。定制化学习路径不仅有助于培养学生的自主学习能力，还能促进他们的全面发展，实现教育的个性化与差异化。

2. 灵活分组与合作学习

根据学生的能力、兴趣和学习风格，采用同质分组或异质分组等灵活策略，可以更有效地满足学生的差异化需求。在小组内，鼓励学生进行合作学习，通过讨论、交流和协作解决问题，不仅能提升学生的沟通能力和团队协作精神，还能促进他们在互动中实现知识的共建和共享，有助于培养学生的批判性思维和创新精神，提高他们的学习积极性和参与度，从而实现更高效的学习。

3. 多层次教学与评价

实施多层次教学，意味着教师需要针对不同层次的学生，提供符合他们实际水平的教学内容和方法，要求教师对学生的学习情况进行深入了解和细致分析，以便制订个性化的教学计划。同时，采用多元化的评价方式，能够更全面、客观地评估学生的学习成果和进步情况。这种评价方式不仅关注学生的知识水平，还重视他们的学习态度、实践能力和创新思维等多方面的发展。通过多层次教学与评价，教师可以更有效地促进每个学生的全面发展，提升整体教学质量。

（三）个性化教学方法的实践

1. 启发式教学

启发式教学是一种以学生为中心的教学方法，它通过提问、讨论等互动性强的方式，引导学生进行深入思考。这种方法的关键在于激发学生的学习兴趣和求知欲，使他们从被动接受知识转变为主动探索。通过鼓励学生发表自己的观点和见解，启发式教学有助于培养学生的批判性思维和创新能力。学生在这种教学环境中，不仅能够掌握知识，更能够学会如何思考、如何独立解决问题，这对于他们的长远发展具有重要意义。

2. 项目式学习

项目式学习是一种以真实问题或项目为核心的学习方式，要求学生围绕具体的问题或项目展开深入学习和实践，通过这种方式，学生能够亲身体验知识在实际中的应用，从而更深刻地理解和掌握所学内容。项目式学习不仅有助于培养学生的自主学习和协作能力，还能通过实践探究，提升学生的实践能力和综合素质。这种学习方式强调学生的主体性，鼓励他们在实践中发现问题、解决问题，从而培养他们的创新精神和实践能力。

3. 信息技术支持下的个性化学习

利用大数据、人工智能等先进技术，可以深入分析学生的学习特点和需求，为他们提供更为精准、个性化的学习资源和学习建议。这种学习方式打破了传统教育的局限性，使每个学生都能根据自己的实际情况进行有针对性的学习。信息技术还能为学生提供实时的学习反馈，帮助他们及时了解自己的学习进度和效果，从而调整学习策略，通过信息技术的支持，个性化学习得以实现，这对于提高学生的学习效率和效果具有重要意义。

（四）个性化教学环境的营造

1. 构建和谐的师生关系

在教师与学生之间建立平等、尊重和信任的关系，能够营造出一个积极、健康的学习氛围。这种关系的建立，需要教师真诚地关注学生，不仅关注他们的学术表现，还要关心他们的情感需求和心理健康。提供必要的心理支持和辅导，帮助学生建立自信，克服困难，是实现师生关系和谐的重要途径。这种和谐的师生关系，可以激发学生的学习热情，增强他们的学习效果，为他们的全面发展奠定坚实的基础。

2. 创设丰富多样的学习空间

为了满足学生多样化的学习需求，创设丰富多样的学习空间显得尤为重要，提供灵活多变的学习场所，如宽敞的教室、设备齐全的实验室以及资源丰富的图书馆等，可以为学生提供更加舒适、便捷的学习环境。同时，利用先进的技术手段打造虚拟学习空间，如在线教育平台、虚拟实验室等，能够突破时间和空间的限制，为学生提供随时随地的学习机会，不仅有助于增强学生的学习兴趣和效果，还能培养他们的自主学习能力和创新精神。

3. 培育积极向上的学习文化

培育积极向上的学习文化是学校教育的重要组成部分，倡导自主学习、合作学习和探究学习的理念，有助于形成积极向上的学习风气。这种学习文化鼓励学生主动参与、积极探究，培养他们的独立思考能力和团队协作精神。同时，定期举办学术讲座、科技竞赛等活动，可以为学生提供展示自我、交流思想的平台，激发他们的学术热情和创新精神，通过这些活动，学生能够拓宽视野，提高实践能力，为未来的学术研究和职业发展奠定坚实的基础。

第四章　高校创新就业教育模式与策略

第一节　校企合作模式的深化与创新

一、深化校企合作的必要性分析

（一）促进科研成果转化

高校作为科研创新的重要基地，汇聚了大量的科研资源和创新智力，而企业则拥有敏锐的市场洞察力和丰富的成果转化经验。深化校企合作，实质上是搭建了一座连接高校科研与企业市场的桥梁，为科研成果的顺利转化和广泛应用提供了有力保障。通过这一合作模式，高校可以将自身的研究成果与企业的实际需求相结合，推动科研成果从实验室走向市场，转化为具有实际应用价值的生产力。这不仅能够为企业带来显著的经济效益，助力其提升市场竞争力，也能够为高校科研工作提供源源不断的动力支持，促进其科研水平的持续提升和科研成果的持续涌现。

（二）拓宽学生就业渠道

校企合作在当今高等教育体系中扮演着举足轻重的角色，其显著作用之一即拓宽学生的就业渠道。通过这一合作模式，学生得以获得更多直接接触企业、深入了解职场的机会。实习、实训等多样化的实践活动，成为学生深入企业一线的重要途径，使其能够亲身体验真实的工作环境，全面了解岗位的具体要求。这些宝贵的实践经验，不仅有助于学生明确自身的职业规划和发展方向，更能够提升其就业竞争力，为未来的职业生涯奠定坚实基础。此外，校企合作还促进了稳定的人才输送渠道的建立，为企业提供了更多优秀人才的选择，也为学生开辟了更为广阔的就业空间。

（三）推动区域经济发展

高校与企业作为区域经济发展的两大支柱，其间的合作关系对于推动区域经济转型升级具有深远影响。通过深化校企合作，双方能够充分发挥各自在技术创新、人才培养等方面的优势，形成强大的合力，共同推动区域经济的持续健康发展。校企合作不仅促进了产学研一体化发展的格局形成，更带动了相关产业链条的完善和优化。高校的创新成果通过企业得以快速转化为实际生产力,为区域经济发展注入源源不断的创新活力;同时,企业借助高校的科研与人才优势,不断提升自身的核心竞争力,为区域经济的转型升级提供有力支撑。

二、创新校企合作模式的路径探索

(一)构建产学研用深度融合的合作机制

1. 明确产学研用合作的目标与原则

产学研用合作的核心在于促进教育、科研与产业之间的紧密结合,以实现资源共享、优势互补。其目标应聚焦于提升创新能力、加速技术转移和推动产业升级。在明确合作目标的基础上,应遵循互利共赢、平等协商、风险共担、利益共享等原则,确保各方在合作中能够充分发挥自身优势,共同推动产学研用合作的深入发展。

2. 建立产学研用一体化平台

产学研用一体化平台是连接高校、研究机构与企业的桥梁,旨在实现技术研发、人才培养、市场拓展等多方面的协同创新。通过建立这样的平台,可以促进各方之间的信息交流与技术共享,加速科技成果的转化与应用。平台应具备开放性、灵活性和可扩展性,以适应不断变化的市场需求和技术发展趋势。

3. 推动科研成果的商业化应用

科研成果的商业化应用是产学研用合作的重要环节,通过市场调研和需求分析,确定科研成果的市场潜力和商业化前景。加强与企业的沟通与合作,共同推进科研成果的转化和产业化进程。同时,建立完善的知识产权保护机制,确保科研成果的合法权益得到有效保障,从而激发科研人员的创新热情,推动产学研用合作的良性循环。

(二)拓展多元化的校企合作形式

1. 开展项目式合作研究

项目式合作研究是校企合作的重要形式之一,它以促进双方共同研发和技术创新为目标。通过选定具有市场前景和技术含量的研究项目,高校和企业可以集中资源,共同攻克技术难题。这种合作模式不仅能够加速科技成果的产出,还能提升企业的技术水平和高校的科研实力。在项目式合作中,高校提供科研人才和理论基础,企业则贡献实际问题和市场需求,实现理论与实践的完美结合。

2. 设立校企联合研发中心

设立校企联合研发中心是深化校企合作的有效途径，这种中心通常作为双方合作的物理载体，为科研人员提供了一个共享资源、交流思想和开展合作的空间。联合研发中心能够集中高校的科研优势和企业的市场敏锐度，共同推动技术创新和产品升级；此外，这种中心还有助于培养具备创新精神和实践能力的人才，为行业发展注入新的活力。

3. 实施双向挂职交流计划

双向挂职交流计划是校企合作中一种富有创意的人才交流模式，通过该计划，高校教师和企业技术人员可以互换角色，深入对方的工作环境，亲身体验并学习彼此的专业知识和实践经验。这种交流不仅有助于增进双方的理解和信任，还能促进知识和技能的互补与融合。双向挂职交流计划为校企合作注入了新的动力，推动了双方在人才培养、技术研发和市场开拓等方面的全面合作。

（三）利用信息技术提升校企合作效率

1. 搭建校企合作信息共享平台

搭建校企合作信息共享平台，是利用信息技术提升校企合作效率的关键举措，该平台可以汇集高校与企业的各类信息，包括但不限于科研成果、技术需求、人才资源等，实现信息的即时更新与共享。通过平台，双方能够更快速地找到合作契合点，减少信息搜寻成本，提高合作决策的效率和准确性。此外，信息共享平台还能促进知识的传播与交流，为校企合作创造更多可能性。

2. 采用远程协作与在线教育工具

随着网络技术的不断发展，远程协作与在线教育工具在校企合作中发挥着越来越重要的作用。这些工具能够打破地域限制，让高校与企业无论身处何地，都能进行实时沟通与协作。通过远程视频会议、在线文档编辑等功能，双方可以更加高效地讨论项目进展、解决问题，从而加速合作项目的推进。同时，在线教育工具也为校企合作提供了更多灵活的学习与培训方式，有助于提升双方人员的专业素养和技能水平。

3. 利用大数据分析优化合作模式

大数据分析技术的运用，为校企合作带来了新的机遇，通过对历史合作数据的深入挖掘与分析，可以发现合作过程中的规律与趋势，从而更精准地预测未来的合作需求与方向。此外，大数据分析还能帮助双方评估合作项目的风险与收益,为决策提供支持。通过不断优化合作模式,校企合作能够更加高效、精准地对接资源与需求,实现共赢发展。

三、校企共建实训基地的模式与实践

(一)实训基地的建设模式

1. 学校提供场地与基础设施

在实训基地的建设过程中,学校扮演着提供场地与基础设施的重要角色,学校凭借其丰富的教育资源和土地优势,为实训基地提供适宜的物理空间,包括教室、实验室、车间等必要的场所。同时,学校还负责基础设施的建设与完善,如电力系统、网络通信、安全监控等,确保实训基地的日常运营和教学活动的顺利进行,该举措不仅体现了学校在产教融合中的责任担当,也为校企合作提供了坚实的物质基础。

2. 企业投入设备与技术支持

企业在实训基地的建设中,主要负责投入先进的设备和技术支持,企业根据行业发展的最新趋势和市场需求,提供与实训课程紧密相关的专业设备,如机械加工设备、电子信息设备等。同时,企业还派遣技术专家提供必要的技术指导与培训,确保学生能够接触到最前沿的技术知识,提升其实践操作能力。企业的这种投入与支持,有效弥补了学校在设备更新和技术跟进方面的不足,为实训基地的高质量发展注入了强劲动力。

3. 双方共同管理运营实训基地

实训基地的成功建设离不开学校与企业的共同管理与运营,双方通过建立联合管理委员会或类似机构,明确各自在实训基地管理中的职责与权限,实现资源的优化配置和高效利用。在共同管理的过程中,学校与企业定期沟通协商,及时解决运营中出现的问题,确保实训基地的平稳运行;同时,双方还共同制定实训计划、教学质量评估标准等,保障实训教学的质量和效果。

(二)实训基地的运营实践

1. 制定完善的实训基地管理制度

为确保实训基地的高效运营,制定一套完善的管理制度至关重要,该制度应涵盖基地的日常管理、设备维护、安全保障、应急预案等多个方面,确保各项事务有章可循、有据可查。同时,制度还应明确学校与企业双方的权责关系,以及基地内部各类人员的岗位职责,形成科学、规范的管理体系。通过制度的严格执行,可以有效提升实训基地的管理水平,为实践教学活动的顺利开展提供有力保障。

2. 开展实训课程与技能培训

实训基地的核心功能之一是开展实训课程与技能培训,这些课程应紧密结合行业发展的实际需求,注重理论与实践相结合,培养学生的实际操作能力和职业素养。同时,基地还应根据企业的反馈和市场的需求,不断调整和优化课程设置,确保教学内容的时效性和实用性。通过开展高质量的实训课程和技能培训,可以有效增强学生的就业竞争力,满足企业对高素质人才的需求。

3. 组织学生与企业员工互动交流

在实训基地的运营过程中,积极组织学生与企业员工进行互动交流具有重要意义,这种交流可以采取多种形式,如座谈会、研讨会、实践项目合作等,旨在促进学校与企业之间的文化交流与知识共享。通过互动交流,学生可以更深入地了解企业的运营模式和职场文化,增强对行业的认知和理解;而企业员工则可以接触到最新的学术研究成果和前沿技术动态,提升自身的专业素养和创新能力。

4. 定期对实训基地进行评估与改进

为确保实训基地的持续发展和教学质量的不断提升,定期对基地进行评估与改进是必不可少的环节。评估工作应全面覆盖基地的教学管理、师资队伍、设备设施、实践教学效果等多个方面,通过定量与定性相结合的方法进行综合评价。在评估结果的基础上,基地应针对存在的问题和不足制定具体的改进措施,并明确改进的目标和时间表;同时,基地还应建立长效的监控机制,定期对改进措施的落实情况进行跟踪和检查,确保各项改进工作取得实效。

(三)实训基地的成效评估

1. 学生实践能力的提升情况

在评估实训基地的成效时,学生实践能力的提升情况是一个核心指标,该指标通过对比学生在实训基地接受实践训练前后的技能水平、问题解决能力以及创新思维等方面的变化,来量化实践训练的实际效果。具体而言,可以采用技能测试、项目完成度评估、学生自我反馈等多种方法来综合评估学生的实践能力提升情况,这一评估结果不仅反映了实训基地教学质量的高低,也为进一步优化实践教学体系提供了重要依据。

2. 企业对毕业生的满意度调查

通过定期向招聘过实训基地毕业生的企业发放满意度调查问卷,可以收集到企业对毕业生专业技能、工作态度、团队协作能力等方面的真实反馈。这些反馈信息不仅有助于了解实训基地培养的人才是否符合市场需求，还能为基地调整人才培养方案、改进教学方法提供有力支持；同时，高满意度也意味着实训基地与企业之间建立了良好的合作关系，为未来的校企合作奠定了坚实基础。

3. 实训基地的社会效益与经济效益分析

评估实训基地的成效，还需对其产生的社会效益与经济效益进行深入分析，社会效益方面，主要考虑实训基地在提高区域人才素质、推动行业技术进步、促进产学研用深度融合等方面所做出的贡献。经济效益则主要关注实训基地的运营是否实现了资源的优化配置和高效利用，是否通过技术转化、人才输出等方式为区域经济发展带来了实际收益。

四、校企合作在人才培养中的作用与影响

（一）提升人才培养质量

校企合作在提升人才培养质量方面展现出其不可替代的优势，通过深度融合教育与产业资源，这种合作模式为学生创造了一个更加真实、贴近实际工作环境的学习场景。在这样的环境中，学生不仅能够系统地学习理论知识，更能通过实践操作来加深理解和应用，从而显著提高其实践能力和职业素养。企业所提供的实习机会和实战项目，实际上为学生搭建了一个将理论知识转化为实践操作的桥梁。在这样的平台上，学生可以亲身体验到知识在实际工作中的应用，进而培养其独立解决问题和创新的能力。更为重要的是，企业导师的加入为学生带来了宝贵的行业经验和前沿知识，他们不仅传授技能，还分享行业内的最新动态和趋势，有助于学生形成更为全面、深入的专业视野。

（二）促进学生就业与职业发展

校企合作模式不仅对学生的专业技能进行了深度打磨，更为其未来的就业和职业发展奠定了坚实的基础。在这样的合作框架下，学生能够更加直观地了解到行业的真实需求和趋势，从而进行更为明确和有针对性的职业规划。企业往往更倾向于招聘那些已有实习经验、对行业有一定了解的毕业生，这无疑为学生提供了更多的就业机会。不仅如此，企业在合作过程中会为学生提供一系列的职业培训。这些培训不仅涵盖了专业技能的提升，还包括了团队协作、沟通技巧等软技能的培养。对于表现出色的实习生，企业更有可能直接提供正式的职位，从而实现从学校到职场的平稳过渡；此外，企业在学生的职业发展过程中也会提供持续的支持和指导，如岗位晋升、专业培训等，有助于学生实现长期的职业发展目标。

(三)推动高校教育改革与创新

校企合作不仅对学生个体产生了深远的影响,更对整个高等教育体系产生了积极的推动作用,通过与产业的紧密结合,高校能够更为敏锐地捕捉到行业的变化和需求,从而及时调整其教育策略和方向。特别是在专业设置和课程结构上,高校可以根据企业的反馈和市场的实际需求进行调整,确保所教授的内容与当前行业的发展趋势紧密相连。此外,企业对于教学效果的反馈也为高校提供了宝贵的改进建议。这些建议促使高校不断地反思和完善其教学方法和手段,努力增强教学效果,确保学生能够真正掌握所需的知识和技能。更为值得一提的是,校企合作还为高校引入了丰富的行业资源和创新要素。这些资源和要素不仅为高校的科研项目提供了有力的支持,还为技术成果的转化和应用创造了更多的可能性。

第二节　创新创业教育的实施与推广

一、创新创业教育的实施载体

(一)创新创业教育课程体系

创新创业教育课程体系不仅涵盖了传统的课堂讲授,更通过精心设计与整合校内外多元化的教学资源,形成了一套系统完备、层次分明的课程架构。其核心目标在于全方位培养学生的创新意识、创业精神以及创业实践能力。为实现这一目标,课程体系被细分为理论教学与实践教学两大组成部分。理论教学部分着重于向学生传授创新创业的基础理论知识与方法论。这包括但不限于市场分析、商业模式设计、风险评估与管理等关键领域的知识体系。通过深入浅出的讲解与案例分析,帮助学生建立起扎实的理论基础,为后续的实践操作提供坚实的支撑。实践教学部分则通过项目实训、企业实习等多样化形式,让学生在真实的商业环境中进行实战演练。这种"学以致用"的教学模式不仅能够帮助学生将理论知识转化为实际操作能力,更能够让他们在实践中不断积累经验,提升自我解决问题的能力。

(二)创新创业教育实践平台

高校作为人才培养的摇篮,应积极寻求与企业、行业及政府的深度合作,共同打造多元化、高层次的实践平台,包括但不限于创业实训基地、科技园区以及众创空间等,它们为学生提供了宝贵的实践机会与资源支持。通过这些实践平台,学生得以置身于真实的创业环境中,亲身体验创业的全过程。他们可以在这里进行市场调研、商业计划书的撰写、产品的设计与开发以及营销策略的制定等一系列实战操作。这种身临其境的学习方式不仅能够帮助学生深入了解创业的各个环节与挑战,更能够培养他们解决实际问题的能力与创新思维。同时,实践平台还促进了产学研用的深度融合,高校与企业之间的紧密合作使得科研成果能够更快速地转化为实际生产力,推动了科技的创新与进步。而学生作为这一过程中的重要参与者,他们的实践能力与创新精神也得到了极大的锻炼与提升。

(三)创新创业教育师资队伍

在师资队伍建设过程中,高校应采取引进与培养相结合的方式,以打造一支既具备深厚理论素养,又拥有丰富实践经验的优质师资队伍。一方面,通过引进国内外知名学者、企业家等具有创新创业精神的专业人才,为师资队伍注入新的活力与创新思维;另一方面,加强对现有教师的培训与提升,鼓励教师积极参与创新创业实践,以丰富自身的实践经验并提高教学水平。此外,高校还应加强与业界的沟通与联系,建立紧密的产学研合作关系。通过邀请具有丰富创业经验的企业家、投资人等担任客座教授或导师,高校可以为学生提供更为贴近实际的实践指导和创业建议。

(四)校园创新创业文化氛围

校园创新创业文化氛围是实施创新创业教育不可或缺的隐性载体,一个充满创新创业气息的校园环境,能够潜移默化地影响学生的思维方式与行为习惯,激发他们的创新创业潜能。因此,高校应致力于营造浓厚的校园创新创业文化氛围。为实现这一目标,高校可以通过举办多样化的创新创业活动来丰富学生的课余生活并拓宽他们的视野。例如,定期举办创新创业讲座,邀请行业专家、成功创业者分享他们的经验与见解;组织创业大赛,为学生提供展示自我与实践创业的平台;开展创业沙龙等活动,鼓励学生之间的交流与合作,共同探讨创业难题与解决方案。同时,高校还应注重在日常教学中培养学生的团队协作精神、创新意识和风险意识,通过创设问题情境、引导探究式学习等方式,激发学生的好奇心与求知欲,培养他们的创新思维与解决问题的能力。

二、高校创新创业教育的实施途径

(一)创新创业教育必须与专业教育紧密结合

1. 专业教育奠定创新创业教育的基石

专业教育在高等教育体系中占据着举足轻重的地位,它不仅为学生提供了系统的学科知识,更是创新创业教育不可或缺的基础。专业教育通过严谨的教学计划和课程设置,使学生能够深入掌握本专业的核心知识和技能,这些知识和技能是进行创新创业活动的基石。没有扎实的专业基础,创新创业就如同空中楼阁,难以稳固立足。因此,将创新创业教育植根于专业教育的沃土之中,是实现教育目标的关键。通过专业教育培养学生的专业素养和批判性思维,进而激发他们的创新意识和创业精神,这是高等教育在培养创新创业人才方面的重要使命。

2. 实现专业教育与创新创业教育的有机融合

在当今快速变化的社会环境中,单纯的专业教育已无法满足社会对创新创业人才的需求。因此,促进专业教育与创新创业教育的有机融合显得尤为重要。这种融合并非简单相加,而是在教育理念、课程设计、教学方式等多个层面进行深度融合。通过整合专业知识与创新创业技能,使学生能够在掌握核心专业知识的同时,具备创新思维和创业能力。这种融合教育模式有助于培养学生的综合素质,使他们在面对复杂多变的实际问题时,能够灵活运用所学知识和技能,提出创新性的解决方案。同时,这种教育模式也有助于提升学生的就业竞争力和创业成功率,从而更好地适应社会发展的需求。

3. 创新创业教育与专业教育无缝对接的路径

(1)深入探究培养方案

在高等院校推进创新创业发展的过程中,持续探索教学模式并构建多元化教学方法显得尤为重要。全面研究教学方案是实现人才培养目标的主要途径。从发展阶段的视角出发,高校可根据地域特性,打造具有地方特色的创新创业教育培养体系。对于初创期的高校,其重点可放在普及创新创业教育理念及发掘社会资源上;而对于已积累一定经验的高校,则可进一步整合资源,深化创新创业教育的理论与实践研究。从学校类型来看,普通教学型高校可着重培养学生的创业知识与实践能力,以更好地服务于社会经济发展;而综合性研究型高校则应更侧重于培育学生的创业意识与创新精神,致力于培养高端人才,为国家创新体系的构建贡献力量。

(2)切实推进课程教学领域的革新

创新创业教育作为一门跨学科、综合性的学科,其课程设置需具备跨学科性和创新性,不仅要求将创新创业理念融入专业教学之中,还需注重学科间的互补与融合。首先,应重视并推进课堂教学改革,更新教学内容,增强专业知识的前沿性,从而有效提高学生的学习效率并激发其创造力与积极性。其次,在专业教育过程中,应加强对学生创业意识和心理素质的培养,以提升学生的创新能力和自信心。再次,课程体系的改革也是关键一环,需明确创新创业课程在专业课程体系中的定位与占比,并合理规划面向全体学生与特定创业学院学生的课程分布。同时,学分结构的安排以及必修课、选修课、可选课的比例设置也需科学合理。最后,强调理论与实践的紧密结合,在丰富课堂教学内容的同时,也需增强创新创业教育的实践操作性。此外,优质适宜的创业教育教材及先进的教学方法的研发与应用同样不可忽视。高校应鼓励教师深入研究并开创具有中国特色的创新创业教育理论,编写符合我国大学生特点的创业教育教材及教学方案。

(3)加强创新创业教育师资队伍建设

鉴于创新创业教育的高度理论性和实践性,对教师的专业素养和实践经验提出了严苛的要求,这直接关乎创业教育的教学质量。在培育创业教育师资的过程中,应着重强调实践性能力的培养。首先,需制定切实的奖励机制,以激发教师的积极性,促使其主动投身于企业咨询与研究活动,从而亲身体验创业过程并积累实践管理经验。其次,学校应营造优良的创业环境,为教师提供宽松、自由的创业空间。此外,通过实施“产、学、研一体化”战略,对教师研究的具有社会前景的项目给予扶持,鼓励其进行创业实践,这不仅能够为教师带来宝贵的实践经验,还能为学生树立典范,增强学生的创业信心。最后,建立实践基地,为创新创业教育提供必要的实践场所,搭建理论与实践相结合的桥梁,助力教师在实践中提升自我素养,成长为专家型教师。

(4)促进创新创业教育深度实施

为推进创新创业教育的深入实施,高等院校需采取多方面措施。首先,重视创业文化的培育至关重要,应实现第一课堂与第二课堂的良性互动与共同发展。通过组织丰富多样的大学生社团活动、创业论坛以及创业设计竞赛等,加强学生间的交流与合作。其次,学校应强化创新创业教育理论与实践的融合,积极推动创业产业园与孵化基地的建设,运用大量实际案例进行教学,同时加强校企合作,为学生提供丰富的实践机会,并针对重点学生进行专门辅导,引导其踏上创业之路。最后,学校可结合本校专业教育资源,开发具有可行性的创业项目,并策划具体实施方案,组织学生参与项目实践,使其真正面向社会和企业,积累实战经验与能力,从而进一步提升大学生的创业素养。

（二）创新创业教育必须与课程改革无缝对接

1. 明确创新创业教育的目标定位

高等院校所推行的创新创业教育，乃是一个持续进化的教育过程，其核心目的在于对教育资源进行优化整合，并据此推动各项关联工作的稳步开展。为实现此目标，高等院校需首先确立清晰的创新创业教育方向，并精确设定人才培养的具体目标。通过科学规划，确保所有工作均能在预设的时间框架内得到有效实施。此外，高等院校应积极吸纳并整合校内外与创新创业教育相关的各类资源，特别是通过与企业的深度合作，实施校企合作育人模式，从而为创新创业教育提供坚实支撑。这种合作模式将有助于高校培育出更加贴合社会经济发展实际需求的创新创业型人才。

2. 强化创新创业教育的能力培养

高等院校的创新创业教育，其独特之处在于它超越了传统学科教育的范畴，更侧重于实践能力和创新思维的培养。因此，在设计创新创业教育课程时，高等院校必须兼顾理论知识与实践技能的双重培养，既要涵盖创业相关的法律、市场、财务等基础知识，也要注重提升学生在人力资源管理、项目运营等方面的实际操作能力。为实现这一目标，构建教、学、做相结合的课程体系至关重要。这种课程体系是创新创业教育发展的必然要求，也是培育具有创新思维和创业能力的优秀人才的关键所在。通过实施这种课程体系，可以确保我国高等院校的创新创业教育取得显著实效。

3. 倾力构筑创新创业的文化氛围

众多学者研究表明，第二课堂在教育领域中的价值与第一课堂并驾齐驱，甚至对于某些学习动力欠缺、对抽象理论知识兴趣索然的学生而言，第二课堂以其潜移默化的方式，在培育创业素养和能力方面展现出更为显著的效果。高等院校应积极推动创新创业类社团活动的开展，这样不仅可以为学生提供一个将第一课堂所学理论知识转化为实践操作的平台，从而深化对知识的理解和记忆，提升学生的创业素养和实战能力；同时，在社团活动的组织和实施过程中，学生的组织管理能力、协调沟通能力等职业素养也将得到全面锻炼和提升。

4. 打造创新创业的实战演练基地

创新创业教育作为一门理论与实践并重的课程，其实践环节的重要性不言而喻。高等院校应充分利用大学生创业园或实践基地等资源，积极开展创业实践活动，为学生提供校内的创业实践机会。通过亲身体验创业的艰辛与挫折、机遇与挑战、成功与失败，学生将能够培养出更强的独立性、适应性、风险承受能力和创业实战能力，为未来的创业之路积累宝贵的经验。在建设大学生创新创业实践平台的过程中，高等院校需注重资金支持、实践基地建设和技术指导三个核心要素。具体而言，高校应为创新创业实践项目提供必要的资金支持，同时配备具有丰富创业经验的指导教师，以确保学生在创业项目的选择和具体操作上能够得到专业的指导和支持。

（三）创新创业教育必须与课程改革协同一致

格瑞德（Gerald）深度调查了15位在创业教育领域有极高声望的教育者，得出了影响创业教育的因素：教育目标、管理与课程发展议题、课程特性。

1. 教育目标

经研究发现学生对新鲜事物的熟悉过程是一个循序渐进的过程，那么提高学生对创新创业事业的熟悉程度，就有利于学生对自己今后的职业生涯进行科学的规划。因此，研究者进行了对创业课程重要的目标重要性排名，如表4-1所示。

表4-1 对创业课程重要的目标重要性排名

对创业课程重要的目标	重要性排名
增加学生对新创事业与管理过程的了解	1
增加学生对创业生涯职业选择的了解	2
增加学生对管理功能相互关系的了解	3
能够对创业者的创新才能进行评价	4
了解创新公司在经济中所扮演的角色	5

2. 管理与课程发展议题

这15位在创新创业教育领域有着较高声望的教育者，经过多年的研究，提出了以下他们认为在管理与课程发展方面非常重要的议题。

（1）开发出新的创新创业课程，高校的管理层和决策层要充分提高对创新创业的重视程度。

（2）培养和选聘具有课程开发能力和水平的人才，作为从事创新创业教育的专职教师。

（3）创新创业教育面向全校学生开展，并且根据课程内容和教学结果给予学分。

（4）创新创业课程的作业与常规性的作业不同，布置应该是灵活多样的。

3. 课程特性

经过讨论研究,这位教育者提出了创新创业课程发展的新模式。

(1)创业计划书,创新创业课程的入门课程就是要求学生了解一份创业策划方案,然后基于这份方案开发出进阶课程。

(2)企业生命周期,这里讲述的是创业企业从资金募集到成立公司,详细地介绍公司的各个发展阶段。

(3)公司效能,主要是根据创业企业的发展需要,开展与创业管理相关的课程。他们认为创新创业教育与常规课堂教学不同,课程开发要以实践引导为主,为此他们对创业课程的重要性事件进行了排名,如表 4-2 所示。

表 4-2　创业课程的重要性事件排名

创业课程的重要性事件	重要性排名
创业计划书	1
创业者作为客串讲师进行授课	2
个案分析	3
演讲	4
文献探讨	5

费特(Fiet)对澳大利亚 18 份创业课程的大纲进行了分析之后,发现这 18 份创业大纲包含了 16 个不同的主题,被提到最多的主题分别是策略竞争分析、成长管理、产生创意、风险管理、创造力,除此之外的主题都是从比较成熟的领域衍生出来的。这就说明,目前创新创业教育课程种类多,而且各个学校的分类不同,有着明显的差异。

罗宾逊(Robinson)对创业课程质量评价进行了研究,发现其评价主要是针对课程能够得到的资源支持和课程的发展环境如何。建设质量和社会声誉高的课程,会得到更多的资源投入以及教育机构、研究院校的支持,吸引更多的社会组织加入课程建设当中,从而使课程建设变得更加多元化,进一步提升课程建设质量。并且像社团、俱乐部、特殊兴趣团体等都会为此类课程提供赞助。

第三节　产学研一体化平台的搭建

一、产学研一体化平台的概念与目标

（一）产学研一体化平台的定义

产学研一体化平台，作为一个集成产业界、学术界和研究机构资源的综合体系，其核心在于构建一个能够高效促进资源共享与优势互补的环境。此平台不仅仅是一个简单的合作框架，更是一种创新的组织模式，它深度整合了产业、学术、研究三方的资源和能力，旨在共同推动科技创新、人才培养以及成果转化。通过这一平台，原本分散的资源得以集中优化，从而实现了整体效能的提升。在传统模式下，产业、学术和研究往往各自为战，资源和信息难以有效流通。而产学研一体化平台的出现，恰恰打破了这种壁垒，它像一座桥梁，将各方紧密连接在一起。企业得以接触更多的创新理念和先进技术，从而获得持续发展的动力；高校和研究机构也能更加精准地把握市场需求，调整研究方向，确保科研成果更具实际应用价值。

（二）产学研一体化平台的发展目标

产学研一体化平台的发展目标，从宏观层面来看，主要聚焦于促进科技创新、推动人才培养以及加速科技成果转化。这三个方面相互关联，共同构成了平台发展的核心框架。在科技创新方面，平台致力于打造一个开放、共享的研发环境。通过汇聚来自产业、学术和研究机构的多元创新资源，平台能够形成一个高效、灵活的创新生态系统。这不仅有助于推动各方在科技领域的深度合作，还能激发新的创新思路和解决方案，从而为社会带来更多的科技价值。在人才培养方面，平台通过实施项目合作、开展实践教学等多种方式，积极培养具备创新精神和实践能力的高素质人才。这种培养模式不仅注重理论知识的传授，更强调实际操作能力的提升。通过这种方式，平台能够为社会输送一批既懂理论又懂实践的专业人才，从而满足社会经济发展对人才的需求。在科技成果转化方面，平台积极推动科研成果的转化和应用。通过将科技成果转化为实际生产力，平台不仅能够为企业带来新的经济增长点，还能推动整个产业的升级和经济的发展。

（三）产学研一体化平台在创新就业教育中的作用

产学研一体化平台在创新就业教育中扮演着举足轻重的角色，该平台为学生提供了前所未有的学习和实践机会,使他们能够更深入地了解科技创新和市场需求的前沿动态。借助与企业和研究机构的紧密合作,学生得以亲身接触并学习到最新的科技知识和技术,这不仅有助于培养他们的创新思维,还能极大提升他们解决实际问题的能力。此外,平台还促进了人才培养与市场需求之间的有效对接。通过实践教学、项目实训等多元化教育方式,学生能够在实践中积累宝贵的工作经验,这将显著提升他们的就业竞争力。值得一提的是,产学研一体化平台还为学生提供了丰富的创业机会和资源支持,不仅激发了他们的创业热情,更为他们实现个人价值和社会价值提供了广阔的舞台。

二、产学研一体化平台的构建要素

(一)合作伙伴的选择与协同

在产学研一体化平台的构建过程中,合作伙伴的慎重选择与高效协同是确保平台成功的基石。平台在挑选合作伙伴时,必须秉持严谨的态度和精准的眼光,寻找那些与自身发展战略相契合、拥有共同愿景且技术实力雄厚的企业或研究机构。这种选择不仅关乎平台的技术创新能力,更直接影响平台的长期发展潜力。合作伙伴之间的协同工作同样至关重要。为了确保产学研一体化平台的高效运转,各方必须明确各自的职责与分工,充分发挥各自在技术研发、市场推广、资源整合等方面的优势,形成强大的合力。这种协同作战的模式,有助于提升平台的整体竞争力,实现资源的优化配置和高效利用。此外,定期的沟通与协调机制是保障协同工作顺利进行的关键。通过定期的会议、研讨和交流活动,各方可以及时了解项目进展情况,共同解决遇到的问题,确保产学研一体化平台稳步向前发展。

(二)技术研发与成果转化的支持体系

技术研发作为产学研一体化平台的核心活动,其顺利进行对于平台的整体发展具有举足轻重的意义。因此,平台必须建立完善的支持体系,以确保技术研发的各个环节都能得到有力的支撑。这一体系应包括提供先进的研发设备、确保充足的研发资金以及提供专业的技术指导等关键要素。除了技术研发外,成果转化也是产学研一体化平台不可忽视的重要任务。为了实现研发成果的商业价值,平台应设立专门的成果转化机构,负责将研发成果有效推向市场。在这一过程中,平台还需提供全方位的法律咨询、市场推广等配套服务,以确保成果转化的高效性和成功率。这种综合性的支持体系不仅能够为技术研发和成果转化提供坚实的保障,还能有效提升产学研一体化平台的整体运营效率和市场竞争力，通过持续优化和完善这一体系，平台将能够更好地服务于科技创新和产业发展，推动产学研合作的深入与拓展。

（三）人才培养与交流机制的建立

产学研一体化平台在推动技术创新的同时，也承担着人才培养的重要使命，为了充分发挥这一功能，平台应致力于建立完善的人才培养机制。通过实践教学、项目实训等多元化教育方式，平台能够帮助学生和年轻科研人员提升实践能力和创新意识，从而培养出更多具备高素质的专业人才。同时，为了拓宽人才的视野和知识面，产学研一体化平台还需积极推动广泛的交流机制的建立。通过鼓励学生、教师、企业工程师以及研究机构专家等各方进行深入交流与合作，平台能够为他们提供一个相互学习、共同进步的优质环境，有助于提升人才的综合素质和专业能力，为产学研一体化平台注入源源不断的创新活力。

三、产学研平台上的资源整合与共享

（一）资源整合的策略与方法

资源整合是产学研一体化平台有效运行不可或缺的环节，其策略与方法的科学性和系统性对于平台的成功至关重要。在实施资源整合时，必须首先明确整合的目标和原则，这是确保资源能够得到优化配置和高效利用的前提。目标的确立应围绕平台的发展战略和核心需求，而原则的制定则需兼顾公平性、可持续性和创新性。通过深入的市场调研和需求分析，平台能够精准识别并获取对产学研合作具有关键价值的资源。这些资源包括但不限于先进技术、专业人才、高端设备以及各类数据信息。识别资源的过程中，应注重资源的稀缺性、独特性和增值潜力，以确保所整合的资源能为平台带来长期的竞争优势。建立资源共享机制是实现资源互通与互补的有效途径。通过打破传统壁垒，促进不同主体之间的资源交流和共享，可以极大地提升资源的利用效率和创新能力。此外，持续跟踪资源的使用情况，并根据产学研合作的动态变化及时调整整合策略，是保持资源整合有效性的关键。

（二）知识产权管理与保护

为了维护合作各方的权益，促进科技创新的良性发展，产学研一体化平台必须建立起完善的知识产权管理制度。这一制度应详尽规定知识产权的归属、使用权限、转让条件等核心问题，为合作提供明确的法律指引和操作规范。

同时,加强知识产权意识教育至关重要。通过培训、研讨会等形式,提高合作各方对知识产权重要性的认知,培养尊重和保护知识产权的文化氛围。在合作过程中,平台需密切关注潜在的知识产权风险,并采取切实有效的措施来防范和打击侵权行为。对于合作中产生的知识产权成果,平台应积极协助合作方进行申报和保护工作,确保这些成果得到应有的法律认可和保护,维护合作各方的合法权益,从而进一步激发科技创新的活力,推动产学研合作的深入与拓展。

(三)资源共享的模式与实践

资源共享作为产学研一体化平台的核心功能,其实践模式多样且灵活,通过建立公共实验室、共享昂贵的设备设施、开放专业数据库等方式,平台能够显著降低合作成本,同时极大提升资源的利用效率。这些共享模式不仅优化了资源配置,还为产学研合作创造了更为广阔的空间。平台在积极推动资源共享实践的过程中,应大力鼓励合作各方参与到资源共享活动中来,共同营造一个开放、包容、高效的合作环境。通过定期举办资源共享交流会、技术推广活动等,促进各方之间的深度互动与协作,进一步释放资源共享的潜力与价值。为了不断优化资源共享机制,平台需持续收集反馈、评估效果,并根据实际情况进行调整和改进。通过这样的努力,产学研一体化平台将能更好地服务于科技创新和人才培养,推动产学研合作的全面深入发展,为社会的进步和繁荣作出更大的贡献。

四、产学研一体化平台的管理与运行机制

(一)组织架构与管理体系

产学研一体化平台的组织架构,作为其运营的基础框架,承载着平台资源分配、合作协调及战略执行等多重功能。这一架构的精心设计,不仅体现了平台的战略意图和发展方向,更确保了资源的合理配置和高效利用。各层级和职能部门的设立,均围绕产学研合作的核心目标,形成了一套既分工明确又相互协同的组织体系。在这一体系中,管理职责和权限的分配显得尤为重要。合理的权责划分能够确保各项决策迅速且有效地执行,同时促进产学研各方之间的紧密合作与沟通。此外,为了维护平台的稳定运营和持续发展,建立健全的管理体系势在必行。这一管理体系涵盖了规章制度、管理流程以及质量控制等多个维度。规章制度的设立,为平台运营提供了基本的法律和规范依据,确保了各项活动的合规性和正当性。管理流程的优化,则进一步提高了平台的运营效率和服务质量,使得产学研合作能够在规范、有序的环境中进行;

而质量控制机制的引入,更是对平台服务品质的有力保障,它通过对各个环节的严格监控和持续改进,确保了产学研合作成果的高标准和高质量。

(二)项目管理与决策流程

项目管理在产学研一体化平台的运营中成功与否,直接关系着平台目标的实现和合作成效的达成。因此,建立完善的项目管理机制成为平台发展的必然要求。这一机制需涵盖项目立项、计划制订、资源调配、进度控制以及风险管理等关键环节,以确保项目的顺利推进和高效实施。在项目立项阶段,平台需对项目的可行性、市场需求、技术难度等进行全面评估,以确保项目的合理性和可行性。计划制订阶段则需明确各阶段的任务目标、时间节点和预期成果,为项目的有序实施提供指导。资源调配和进度控制则是确保项目按计划推进的重要保障,它们要求平台对各项资源进行合理分配,并实时监控项目的进展情况,以便及时调整和优化实施策略。与此同时,决策流程的规范化对于平台的稳健发展同样至关重要。在项目选择、资源分配、风险控制等重大事项的决策过程中,平台需遵循科学、民主、透明的原则,确保决策的合理性和有效性。

(三)风险评估与防控机制

在产学研一体化平台的运营过程中,风险评估与防控机制是确保平台安全、稳定、持续发展的关键要素。鉴于平台所涉及的多元主体和复杂环境,建立完善的风险评估体系显得尤为重要。这一体系需定期对平台的各项业务、项目及运行环境进行全面、深入的风险评估,以便及时发现并解决潜在的风险隐患。在风险评估的基础上,平台还需制定针对性的风险防控措施,包括建立风险预警系统,实时监测并预警可能出现的风险事件;制定应急预案,明确在风险事件发生时的应对措施和流程;建立危机处理机制,确保在危机发生时能够迅速、有效地进行应对和处理。通过这些风险评估与防控机制的建立和实施,产学研一体化平台能够显著降低运营风险,保障产学研合作的顺利进行。

五、平台成效评估与持续改进策略

(一)成效评估的指标体系

为了深入、全面地评估平台的运营成效,必须构建一套科学且细致的指标体系,该体系不仅要覆盖平台运营的各个层面,还需精准地反映平台在技术创新、人才培养、成果转化以及经济效益等方面的实际表现。在技术创新方面,可以通过研发投入强度、专利申请数量以及技术创新能力等指标来衡量。这些指标能够直观地展现平台在推动科技进步和创新方面的努力和成果。人才培养方面,则可以通过人才培养数量、质量以及人才流动情况等指标来评估,以此反映平台在人力资源开发和培养上的投入和产出。成果转化是衡量产学研一体化平台价值实现的关键指标,可以通过技术合同成交额、新产品开发数量以及市场推广效果等来体现。经济效益是评估平台运营成效的另一重要维度,具体指标可以包括新产品销售收入、利润增长率以及成本控制能力等,这些指标不仅反映了平台的盈利能力,也是衡量其市场竞争力和运营效率的重要依据。

(二)数据收集与分析方法

数据收集与分析在产学研一体化平台成效评估中占据着举足轻重的地位,为了确保评估结果的准确性和可靠性,必须建立起一套高效的数据收集机制,并明确数据的具体来源和采集方式。这一过程中,既要从企业内部、科研机构以及高校等合作伙伴处系统地收集相关数据,也要充分利用公共数据库、行业权威报告等外部资源,以获取更为全面和客观的信息。在数据分析环节,应运用科学的方法论和先进的技术手段对数据进行深度处理,包括数据的清洗、整理以确保数据质量,数据的深入挖掘以发现潜在规律和关联,以及数据的可视化呈现以提升理解度和洞察力。

(三)持续改进的路径与措施

基于成效评估的详尽结果,产学研一体化平台需有针对性地规划并实施持续改进的路径与具体措施。在确定改进目标和重点时,应聚焦于评估中所暴露出的不足和问题,制定出切实可行的改进方案。此外,强化内外部的沟通与协作机制也至关重要,以确保各项改进措施能够得到有效执行并形成合力。为了保障改进工作的持续推进,建立相应的激励机制和约束机制显得尤为重要。这不仅可以调动各方参与改进的积极性,还能确保改进措施的长效性和稳定性。同时,定期回顾和总结改进成果也是不可或缺的一环。通过及时调整改进策略和方法,可以形成持续改进的良性循环,从而不断提升产学研一体化平台的整体运营效率和创新能力。

第四节　线上线下混合式教学模式的探索

一、线上线下混合式教学模式概述

（一）混合式教学模式的定义与特点

1. 混合式教学模式的定义

在线上教学过程中，学生在教师设置的任务、话题、思考题等教学设计的引导下，思考会逐步深入，学习自然发生。学生发表的文字以及观点也会在生生之间产生影响。在线下教学过程中，教师可以根据线上教学过程中出现的问题、遇到的困难、争论的焦点等进行教学设计，从而使学习更加聚焦，更加有针对性。线下教学依托线上教学的基础，更侧重师生间、生生间的交流与辩论，促进学生深度学习的发生，使学习更进一步，从而形成更加清晰的认识，或者进一步推进线上教学，从而使学生的学习更加立体和充分。

2. 混合式教学模式的特点

（1）教学方式方面

在信息网络的广泛覆盖与现代信息技术的快速发展背景下，线上线下混合式教学模式得以深入实施。该模式以信息网络学习平台为载体，充分利用现代信息技术，如云计算、大数据分析等，实现教学资源的高效整合与优化配置。学生可通过手机、平板电脑等智能终端设备，随时随地进行线上学习，与线下课堂形成有力互补。这种交互学习方式不仅突破了时间和空间的限制，还大大增强了学习的灵活性和自主性，为培养学生终身学习能力奠定了坚实基础。

（2）学习内容方面

在学习内容的规划上，线上线下混合式教学模式注重课前、课中、课后的连贯性与系统性。课前准备阶段，教师通过线上平台发布预习资料，引导学生自主预习；课中教学阶段，结合线上资源和线下讲解，深化学生对知识点的理解；课后辅导阶段，则通过线上答疑、作业提交等方式，巩固学习成果。同时，该模式还按照在线和离线的不同空间需求，以及对知识点的解释和重构，将学习分解为内化和外化三个阶段，从而全方位、多角度地传授学习内容，增强学生的学习效果。

（3）教学活动方面

在线上线下相混合的教学模式中，教学活动的角色定位发生了显著变化，学生不再是被动接受知识的容器,而是转变为设计师、操作员、问题解决者、学习者和信息搜集者等多重角色。他们积极参与学习过程,主动构建知识体系,提升解决问题的能力。与此同时,教师的角色也转变为指导者、受访者、评估者、摘要和信息提供者等,更多地起到引导、支持和评价的作用。这种角色上的转变不仅促进了师生互动和生生互动,还激发了学生的学习动力和创造力,使教学活动更加生动、有效。

(二)混合式教学模式的理论基础

1. 建构主义学习理论与混合式教学模式

建构主义学习理论深刻指出,知识的获取并非简单地通过教师的传授来实现,而是在特定的学习情境下,学习者借助外部资源和他人的协助,通过自我建构的过程来达成。这一理论为混合式教学模式提供了坚实的理论基础。在该模式下,线上与线下的有机结合为学习者创造了一个多维度、真实感强烈的学习环境。学习者可以在这样的情境中,依托丰富的学习资料,进行自主的探索与学习。更重要的是,混合式教学模式鼓励学习者通过协作和探究的方式深化对知识的理解,从而逐步建构起自己独特的知识体系。

2. 人本主义学习理论与混合式教学模式

人本主义学习理论认为,真正有效的学习是学习者自发、主动的,而不仅仅是被动地接受。同时,这一理论也关注学习者在学习过程中的情感体验和人际交往需求。混合式教学模式正是在这一理论指导下,充分尊重并突出了学生的主体地位。在该模式下,学生被鼓励主动探索、发现新知识,而教师在其中则更多地扮演引导者和支持者的角色。此外,混合式教学模式还通过线上的交流平台和线下的实践活动,满足了学生的情感交流和人际交往需求,从而营造了一个更加人性化、富有情感色彩的学习环境,这与人本主义学习理论的核心观点不谋而合,共同促进了学习者的全面发展和个性化学习需求的满足。

3. 掌握学习理论与混合式教学模式

掌握学习理论的核心观点在于,通过提供充足的学习时间和适宜的教学方法,绝大多数学生都能对所学内容达到深入理解和掌握。这一理论为混合式教学模式提供了有力的支撑。在混合式教学模式下,学生可以利用线上资源随时随地进行学习。这种灵活性确保了每个学生都能根据自身的学习进度和节奏来安排学习时间。同时,线下的针对性辅导则为学生提供了必要的指导和支持,帮助他们解决在学习过程中遇到的难题。

4. 混合学习理论与混合式教学模式

混合学习理论着重强调了传统课堂学习与数字化学习的有机结合,旨在充分发挥两者各自的优势。基于这一理论,混合式教学模式应运而生。该模式将线上学习与线下实践紧密结合,既保留了传统课堂中师生面对面交流的互动性和即时反馈特点,又充分利用了数字化资源如网络课程、在线测试等的丰富性和便捷性。这种教学模式不仅丰富了学生的学习体验,还提高了学习效果和学习效率。学生通过线上学习获取广泛的知识信息,再通过线下实践将所学知识应用于实际情境中,从而提高了对知识的理解和运用能力。

二、线上线下混合式教学模式的优势分析

(一)增强学生的学习兴趣与积极性

线上线下混合式教学模式,以其特有的灵活性和多样性,在教育教学领域展现出了显著的优势,尤其是对于提升学生的学习兴趣与积极性方面起了至关重要的作用。线上平台为学生提供了海量的学习资源和丰富的互动工具,这些资源不仅涵盖了传统的文本、图片,更包括了视频、动画等多种形式,极大地丰富了学习的层次感和趣味性。学生可以根据自己的兴趣点和需求,自主选择学习内容,实现个性化的学习路径。这种自主性和选择性极大地提升了学生对学习的投入度和热情。同时,线下课堂的实践活动和小组讨论等形式,为学生提供了将理论知识转化为实践操作的机会,进一步加深了对知识的理解和应用。学生在实践中发现问题、解决问题,这一过程不仅锻炼了他们的实际操作能力,也激发了他们的探索欲望和创新思维。线上线下混合式教学模式充分尊重了学生的主体地位,让他们在主动学习中感受到知识的魅力,从而更加积极地投入学习中去,实现了学习兴趣与积极性的显著提升。

(二)促进教学资源优化配置与共享

线上线下混合式教学模式不仅革新了传统的教学方式,更在促进教学资源优化配置与共享方面发挥了积极作用。线上平台利用互联网技术打破了时间和空间的限制,使得原本受限于地域和时间的优质教学资源得以在更广泛的范围内传播和利用。这一变革不仅让更多的学生有机会接触到高质量的教育资源,还促进了教育公平的实现。同时,线上平台为教师提供了一个共享自己的教学资料、经验和心得的渠道。教师可以通过上传自己的课件、教案、教学视频等,与其他教师分享自己的教学成果和经验,从而促进了教师之间的交流和合作。这种资源的共享不仅提高了教学资源的利用效率,避免了资源的重复建设和浪费,还为提升整体教学质量提供了有力的支持。此外,学生也可

以随时随地通过线上平台获取所需的学习资源,极大地提高了学生的学习效率和效果。

(三)增强师生互动与学习效果反馈

线上线下混合式教学模式的实施,显著地加强了师生之间的互动,并提升了学习效果反馈的效率。线上平台利用现代信息技术的优势,为师生提供了前所未有的便捷沟通渠道。通过这些渠道,师生之间的交流不再受限于传统的课堂时间和空间,而是可以随时随地进行。学生遇到学习难题时,可以迅速通过线上平台向教师提出问题,而教师也能及时回应,提供解答和指导。这种即时的互动模式,极大地提高了问题解决的速度和效率;同时,线下课堂的面对面交流,为教师提供了直接观察学生学习状态和问题的机会,教师可以通过学生的课堂表现、作业完成情况等,直观地了解学生的学习进度和掌握程度。

(四)培养学生自主学习能力与创新精神

线上线下混合式教学模式在培育学生自主学习能力与创新精神方面展现出了明显的优势。在这一模式下,线上学习成为学生自主学习的重要组成部分。它要求学生具备良好的自我管理和自我约束能力,能够自主规划学习时间、选择适合自己的学习内容和掌握学习进度。这一过程不仅锻炼了学生的时间管理能力,还促进了他们自主学习能力的提升。同时,该模式鼓励学生进行跨学科、跨领域的学习和实践。通过线上资源的丰富性和线下实践的多样性,学生有机会接触到更广泛的知识领域,从而培养他们的创新思维和解决问题的能力。在这种开放、多元的学习环境中,学生的视野得到了拓宽,思维方式也变得更加灵活多样。此外,线上线下混合式教学模式还为学生提供了更多展示自己创新成果的平台。无论是在线上的学习社区还是线下的实践活动,学生都有机会将自己的创意和想法付诸实践,并通过与他人的交流和合作,不断完善和优化自己的创新方案。

三、高校实施线上线下混合教学的必要性

(一)适应新时代教育信息化的趋势

在新时代背景下,信息技术的日新月异引领了教育领域的深刻变革,教育信息化已然成为推动教育创新发展的重要力量。线上线下混合教学模式作为这一趋势的生动体现,巧妙地将传统课堂教学的优势与现代信息技术的便捷性相融合,打造了一种全新的教学环境。通过实施线上线下混合教学,高校不仅能够及时响应并跟上时代发展的步伐,更能充分利用信息技术所带来的丰

富资源和高效工具,为学生提供更加多元化、现代化的学习体验。这种教学模式的创新实践,不仅彰显了高校在教育改革中的前瞻性,更是其适应新时代教育信息化趋势、培养高素质人才的必然选择。

(二)满足学生个性化学习需求

当代大学生群体呈现出愈加鲜明的个性特征和多样化的学习需求,这对传统一刀切式的教学方式提出了严峻挑战。线上线下混合教学模式的兴起,正是为了回应这一时代诉求。该模式通过灵活多样的教学设计和资源丰富的学习平台,能够根据学生的不同兴趣、能力和进度,提供量身定制的个性化学习路径。这种高度自主和个性化的学习方式,不仅有效提升了学生的学习满意度,更在培养创新思维和实践能力方面展现出显著成效。因此,实施线上线下混合教学,不仅是高校教育创新的重要体现,更是满足学生个性化学习需求、促进人才全面发展的关键举措。

(三)提升高校教学质量与效率

线上线下混合教学模式作为当代教育领域的创新实践,显著提升了高校的教学质量与效率。该模式通过巧妙结合线上丰富资源与线下实体课堂,实现了教学过程的优化与重构。线上平台凭借其灵活性和便捷性,为学生提供了预习、复习及自主学习的广阔空间,有效促进了学生知识的内化与吸收。而线下课堂则针对重点难点问题进行深入剖析和实践操作,确保了教学的深度和广度。这种双轨并行的教学模式不仅充分发挥了线上线下的互补优势,更在提升学生学习效果的同时,大幅提高了教师的教学效率。

(四)增强高校毕业生就业竞争力

面对日益激烈的就业竞争环境,提升高校毕业生的就业竞争力显得尤为重要,线上线下混合教学模式在这一方面展现出了显著优势。该模式通过培养学生的自主学习能力、创新精神及团队协作能力,全面提升了学生的综合素质。这些素质正是现代企业所青睐的核心能力,对于毕业生顺利融入职场、实现个人职业发展具有重要意义。此外,线上线下混合教学还为学生提供了更多与企业互动、了解行业前沿的机会,从而增强了他们的职业敏感度和市场适应性。因此,实施线上线下混合教学不仅有助于提升高校毕业生的就业质量,更在长远上促进了人才培养与社会需求的紧密对接。

四、混合式教学在就业课程中的具体应用

（一）混合式教学模式在就业课程设计中的应用

1. 课程内容重构与优化

在混合式教学模式下，就业课程内容的重构与优化过程中，教师需对传统的课程内容进行深入的剖析与调整，以适应线上线下相结合的教学方式。具体而言，课程内容应更加注重实践性与互动性，以激发学生的学习兴趣并提升其实践能力。同时，通过整合线上线下的教学资源，教师可以设计出更加丰富多样的教学活动，如在线讨论、小组合作、案例分析等，从而帮助学生更好地理解和掌握就业相关的知识与技能。此外，课程内容的优化还需考虑到学生的个性化需求，提供不同层次、不同方向的学习资源，以满足不同学生的就业发展需求。

2. 教学目标与学习成果的设定

教学目标应具体、可衡量，并紧密结合就业市场的实际需求，以确保学生学习的内容与未来职业发展紧密相连。同时，学习成果的设定也应与教学目标相呼应，既要考虑学生对基础知识的掌握，又要注重其实际应用能力的提升。通过设定明确的教学目标和学习成果，教师可以更好地指导学生的学习过程，并对其学习效果进行客观、全面的评价。此外，这种目标导向的教学方式还有助于激发学生的学习兴趣和动力，促使其更加积极地投入就业课程的学习中。

（二）混合式教学在就业课程教学实施中的策略

1. 线上教学平台的搭建与利用

该平台应提供丰富的教学资源，包括视频讲座、在线测试、讨论区等，以支持学生的自主学习。同时，平台应具备高度的交互性，使学生能够随时提问、分享经验和交流观点。通过数据分析功能，教师可以监控学生的学习进度，及时调整教学策略。此外，线上平台还能提供个性化的学习路径，满足不同学生的需求。利用线上教学平台，可以有效拓展教学空间和时间，提高教学效率，同时促进学生的主动参与和协作学习。

2. 线下教学实践与互动环节的设计

在混合式教学中，线下教学实践与互动环节的设计同样重要，这些环节旨在加深学生对理论知识的理解，并培养其实际操作能力。教师可以通过组织案例分析、角色扮演、小组讨论等活动，让学生在模拟真实场景中应用所学知

识。此外，还可以邀请行业专家举办讲座或工作坊，为学生提供与专业人士交流的机会，线下实践不仅能提升学生的实操技能，还能提高其团队协作和沟通能力。通过精心设计互动环节，教师可以激发学生的学习兴趣，培养其创新思维和解决问题的能力。

（三）混合式教学在就业课程评估与反馈中的机制

1. 教学过程监控与学习效果评估

在混合式教学的就业课程中，教学过程监控与学习效果评估是确保教学质量的关键环节，通过线上平台的数据追踪功能，教师可以实时监控学生的学习进度、参与度及作业完成情况，从而及时调整教学策略以满足不同学生的需求。同时，结合线下课堂的观察和互动，教师能够更全面地评估学生对课程内容的掌握情况及其实际应用能力。此外，定期的学习效果测试也是评估学生学习成效的重要手段，它不仅能检验学生的知识水平，还能为教师提供教学改进的依据。通过这些综合评估措施，混合式教学在就业课程中能够更有效地促进学生的学习成果提升。

2. 教学反馈与持续改进

混合式教学在就业课程中注重教学反馈与持续改进的机制建设，通过线上线下的多渠道收集学生对教学过程的意见和建议，教师能够及时了解学生的学习体验和需求变化，并针对反馈中提出的问题进行相应的教学。调整这种动态的反馈机制不仅有助于增强教学的针对性和实效性，还能激发学生的参与感和归属感。同时，教师之间的教学交流和研讨也是持续改进的重要途径，通过分享教学经验和探讨教学难题，教师可以不断优化教学方法和手段，增强混合式教学在就业课程中的实施效果。

第五章　高校就业指导服务体系优化

第一节　就业指导服务的内容与形式创新

一、就业指导服务的内容

（一）基础就业指导

1. 简历撰写与面试技巧

在求职过程中，简历撰写与面试技巧的重要性不言而喻，一份出色的简历，如同求职者的个人名片，是向潜在雇主展示自身专业技能与丰富经验的窗口。撰写简历时，语言的精准性和格式的规范性至关重要，它们直接影响雇主对求职者的第一印象。求职者需要精心挑选和组织个人信息，以突出自身的核心竞争力，使简历在众多申请者中脱颖而出。同时，面试作为获取心仪职位的关键环节，更是对求职者综合素质的全面考察。熟练掌握并灵活运用面试技巧，对于提升求职成功率具有显著影响。在面试准备中，求职者应深入了解目标岗位的要求，针对性地准备自我介绍、问题回答等环节，以展现自身的专业素养和解决问题的能力。此外，面试过程中的仪态、语言表达和思维逻辑也是评委关注的重点，这些都需要通过专业的培训和实践来不断提升。

2. 职业规划辅导

职业规划对于个人的职业发展具有深远的影响，一个合理的职业规划能够帮助个人明确自身的职业目标，并制定实现这些目标的策略和行动计划。在当今这个日新月异的时代，有效的职业规划更是显得尤为重要。职业规划辅导的核心在于引导学生深入了解自己的兴趣、能力和市场需求。通过对自身优势的挖掘和不足的识别，学生可以更加清晰地认识到自己在职业市场中的定位。同时，结合市场对人才的需求趋势，学生可以制定出更加切实可行的职业发展规划。通过职业规划辅导，学生不仅能够更好地把握自己的职业方向，还能为未来的职业发展奠定坚实的基础。在这一过程中，学生需要学会如何平衡个人兴趣与市场需求，如何在不断变化的环境中调整自己的职业规划，并持续提升自身的职业素养和技能水平。此外，职业规划辅导还应注重培养学生的职业素养和综合能力。这包括提升学生的沟通协调能力、团队合作精神、创新思维以及解决问题的能力等。

（二）职业素养与技能提升

1. 职业素养培训

职业素养作为职场人不可或缺的基本素质，涵盖了职业道德、职业态度以及职业行为等多个层面。这些素质的综合体现，不仅关乎个人的职业形象，更是提升职场竞争力的关键所在。因此，针对学生进行职业素养培训，显得尤为重要。通过精心设计的培训内容，可以帮助学生深入理解职业素养的内涵与重要性。其中，沟通技巧的培训能够提升学生的语言表达能力，使他们在与人交往中更加得心应手；团队协作精神的培养则有助于学生学会在团队中发挥自己的作用，与他人协同合作，共同完成任务；解决问题能力的提升，则能使学生在面对工作难题时，能够迅速找到解决方案，提高工作效率。

2. 专业技能强化

专业技能强化培训的核心在于提供与学生所学专业紧密相关的技能培训内容，通过深入剖析行业前沿知识和技术动态，结合实际工作场景和案例，帮助学生全面提升专业技能水平。这种培训方式不仅能够使学生更好地适应岗位需求，更能够使他们在工作中展现出卓越的专业素养和实践能力。同时，专业技能强化培训还应注重培养学生的创新能力和终身学习意识。鼓励学生不断探索新技术、新方法，勇于挑战自我，实现个人价值的最大化。通过系统的培训和实践锻炼，学生可以全面提升自身的专业技能水平，为未来的职业发展奠定坚实的基石；同时，这也将有助于学生在职场中展现出更强的竞争力和更高的个人价值。

（三）行业与岗位分析

1. 行业趋势解读

对于求职者而言，把握行业发展的脉搏，了解市场动态，是制定职业规划和做出求职决策的重要基础。就业指导服务在这一环节中扮演着举足轻重的角色，其任务不仅是简单地传递行业信息，更要对复杂的行业现象进行深入剖析，提炼出有价值的发展趋势。通过定期发布行业报告、组织专题讲座等形式，就业指导服务能够帮助学生建立起对行业整体的认知框架。这种认知不仅包括对当前行业状况的了解，更涉及对未来发展趋势的预测。基于这些信息，学生可以更加准确地判断哪些领域具有发展潜力，哪些技能将成为未来职场中的核心竞争力。此外，行业趋势解读还有助于培养学生的市场敏感度和战略眼光。在求职过程中，具备这些素质的学生能够更迅速地识别机会，更精准地定位自己,从而在激烈的竞争中脱颖而出。

2. 岗位匹配与选择

岗位匹配与选择是职业规划过程中的关键环节,它直接关系着学生未来的职业发展和个人价值的实现。因此,就业指导服务在这一方面需要发挥重要作用,提供专业的指导和帮助。岗位匹配的核心在于帮助学生认清自身的优势和不足,同时深入了解各个岗位的特点和要求。这需要通过一系列科学的评估工具和方法,如职业兴趣测试、能力倾向测验等,来全面评估学生的个人特质和职业能力。在此基础上,结合市场需求和行业发展趋势,为学生推荐适合的岗位方向。岗位选择则是一个更加个性化的过程。它要求学生根据自己的兴趣、价值观和发展目标,在众多岗位中做出最优选择。就业指导服务需要为学生提供丰富的岗位信息和深入的岗位分析,帮助他们了解不同岗位的工作内容、发展前景以及挑战与机遇。同时,通过模拟决策、案例分析等方式,培养学生的决策能力和风险意识,使他们在面对岗位选择时能够更加理性、果断。

二、就业指导服务的形式创新

(一)线上线下相结合

1. 在线指导平台

在互联网技术迅猛发展的背景下,线上指导平台已逐渐成为就业指导领域的一种创新形式。这种平台的出现,不仅为学生提供了更加便捷、高效的就业指导服务,还极大地拓展了就业指导的时空范围。通过精心搭建的在线指导平台,学生可以轻松地获取到丰富多样的就业指导资源。平台集成了视频教程、在线测试以及模拟面试等多种功能,形成了一个全方位的自我学习与提升环境。学生可以根据自己的需求和兴趣,随时随地进行相关知识的学习和实践,从而有效地提升个人的就业竞争力。同时,线上指导平台还具备实时更新行业信息和岗位需求的能力。这意味着学生可以通过平台及时了解到市场动态和最新的就业趋势,为他们做出更明智的职业选择提供有力的数据支持。这种信息的即时性和全面性,无疑增强了学生在就业市场中的敏感度和适应性。

2. 线下实践活动

线下实践活动在就业指导中占据着举足轻重的地位,它是将理论知识转化为实际操作能力的重要桥梁。通过精心组织的各类实践活动,如企业参观、实习体验以及职业规划工作坊等,学生能够亲身置身于真实的职场环境中,深切感受行业的脉搏和要求。在企业参观活动中,学生可以直观地了解到企业的运营模式、工作流程以及企业文化等,从而为他们构建起一个真实的职业世界框架。实习体验则更进一步,让学生有机会亲身参与到实际工作中,通过实践来检验和提升自己的专业技能和综合素质。而职业规划工作坊则为学生提供了一个与职场专家面对面交流的机会,帮助他们理清职业发展的思路,明确未来的职业目标。这些线下实践活动的举办,不仅有效地提升了学生的就业能力,更在无形中培育了他们的职业素养和团队协作精神。学生在实践中学会了如何与人沟通、如何解决问题以及如何面对挑战,这些都是他们未来职业生涯中不可或缺的重要能力。

(二)个性化与互动式指导

1. 一对一职业咨询

一对一职业咨询在就业指导服务中占据着高端地位,它强调对学生个体情况的深入了解和精准指导。这种咨询方式的核心在于,针对每位学生的独特背景、兴趣、能力及其职业期望,咨询师能够提供极具针对性的职业规划和发展建议。在一对一的职业咨询过程中,咨询师会运用专业的测评工具和深入的对话,来全面探索学生的内在世界与外在环境。通过这一系列细致入微的分析,咨询师不仅帮助学生认清自身的优势与劣势,更能协助他们明确长远的职业目标,并据此制订出切实可行的个性化职业发展计划。此种咨询方式的价值不仅体现在其高度的针对性上,更在于它所能给予学生的深度关怀与专业引领。学生在这一过程中,能够真切感受到咨询师的专注与专业,从而更加坚定地走向自己的职业道路。

2. 互动式模拟面试

互动式模拟面试作为一种新颖的就业指导形式,正逐渐受到广泛关注和认可,它通过构建逼真的面试场景,让学生在角色扮演中亲身体验面试的全过程,从而在实际操作中磨炼和提升自己的面试技巧。在模拟面试的环节中,引入智能评估系统是一项重要的创新。这一系统能够对学生的表现进行实时跟踪与反馈,帮助他们精准地识别自己在面试中的亮点与不足。通过这种即时的反馈机制,学生可以更加明确地了解自己在面试中需要改进和提升的方面。此种形式的指导不仅能够有效锻炼学生的应变能力和沟通技巧,更能在心理上给予他们必要的支持和鼓励。通过多次的模拟与实战,学生的自信心和表达能力将得到显著提升,为他们在未来的真实面试中脱颖而出奠定坚实基础。

(三)校企合作与实习机会

1. 校企合作项目

校企合作项目在当今高等教育与职业发展的衔接中扮演着至关重要的角

色，这种合作模式不仅为企业输送了优秀的人才资源，更为学生铺设了一条通往实际职业环境的道路。通过与企业携手开展实习实训项目，学校能够充分利用企业的行业优势和资源，为学生构建一个真实且富有挑战性的学习环境。在企业环境中，学生有机会亲身参与到行业的日常运作中，从而深入了解行业的各项要求和流程。这种沉浸式的学习体验，无疑能够极大地提升学生的实践能力，使他们在理论学习的基础上，更加熟练地掌握实际操作的技巧和方法。同时，校企合作项目也为学生建立了一个与行业内部人士交流的桥梁，有助于他们拓宽视野，增进对行业的认知，为日后的职业发展奠定坚实的基础。

2. 实习转正机会

提供实习转正机会已然成为就业指导服务中的一项重要策略，其意义不仅在于激励学生更加努力地学习和工作，更在于为他们铺设了一条平稳过渡到职场的道路。通过实习期间的表现，优秀的学生有机会获得留在实习企业的资格，这无疑是对他们努力和能力的最好肯定。实习转正机会的存在，不仅为学生提供了更多的职业发展资源和空间，更让他们在职场起步之初就能拥有一个相对稳定的平台。在这样的环境下，学生能够更快地适应职场文化，更好地融入团队，从而更加顺利地开启自己的职业生涯。同时，实习转正也让学生更加明确自己的职业方向和目标。在实习过程中，学生能够亲身感受到不同岗位的工作内容和氛围，从而更加准确地判断哪些岗位更加适合自己的发展。这种明确的职业定位，无疑会让学生在未来的职业发展中更加得心应手，更加有针对性地提升自己的能力和素质。因此，实习转正机会不仅是企业对学生能力的一种认可，更是学生职业发展道路上的一盏明灯，指引着他们走向更加美好的未来。

第二节　职业生涯规划与辅导体系的完善

一、职业生涯规划相关概念界定

（一）职业生涯

1. 职业生涯定义探讨

职业生涯这一概念，由美国职业管理学家舒伯于 1953 年在其著作《职业生涯心理学》中正式提出。舒伯将其界定为个体一生中所经历的所有职位的完整历程，并对其早期的职业生涯发展理论进行了系统阐述。这一理念的提出，对国内外关于职业的认知产生了深远影响，使得职业发展的持续性、长期性和复杂性得到了更为突出的关注。当前,职业生涯的定义依然包含狭义与广义两个层面。从狭义角度来看,职业生涯与个体所从事的工作或积累的工作经历紧密相连。张德在《人力资源开发与管理》一书中指出,狭义的职业生涯是个体自首次参加工作起,一生中所有工作活动与经历的编年史。而广义的职业生涯则更为宽泛,它涵盖了个体在生活、工作、情感和社交等各个领域的全部经历,体现了个体在不同情境和角色下的多元生活。此外,美国心理学家施恩还从内外两个维度对职业生涯进行了划分:外职业生涯聚焦于职业的时间、地点、内容以及待遇等客观因素的组合与变化,具有显著的阶段性特征;而内职业生涯则关注于个体在职业发展中知识、观念、经验、心理和能力等主观因素的演变,其变化过程并不呈现出明显的阶段性。

2. 新型职业生涯理念的兴起

随着劳动分工的日益细化,职业生涯领域涌现出诸多新概念,其中,无边界职业生涯理念尤为引人注目,它强调职业生涯不受组织界限及内部职位的束缚。王丽梅通过对比分析,揭示出无边界职业生涯的本质特征在于其不稳定性,即个体能够在不同组织间实现持续就业,通俗而言,即通过跳槽或职位转换来延续职业发展。这一理念的提出,标志着新型职业生涯形态的出现。当前,学者们正基于无边界职业生涯理论,深入探究员工在职业发展中的多元路径。与此同时,易变性职业生涯理念也备受关注。该理念认为,主宰个体职业生涯的并非组织,而是个体自身。在必要情况下,个体能够随时重新规划并启动自己的职业生涯,自由穿梭于各种组织、领域和工作背景之间。例如,现实生活中的自由职业者便是这一理念的典型实践者。他们不与任何单位签订正式的劳动合同,也不固定在某一单位工作,而是凭借自身的专业技能提供合法有偿的劳动服务,从而获取相应的劳动报酬。这种职业模式充分体现了易变性职业生涯的核心理念和实践特征。

3. 生涯与职业生涯的关系

针对二者关系,目前没有学者进行专门研究,因此没有权威定论。但从现存观点来看,大致分为两类。

其一,认为生涯与职业生涯是同一含义,二者无任何差异,都是指在职业方面的生涯。

其二,认为生涯范畴要大于职业生涯,生涯是指个体在整个人生中涵盖的所有经历,包括家庭、婚姻、学校等,而职业生涯是指在工作层面的经历。在人的一生中,生涯要早于职业生涯出现,生涯是从人出生之际开始算起的,而职业生涯是从个体的第一份工作开始算起的。同时二者都是建构的过程,随着人的成长而不断积累。

从舒伯的生涯彩虹图(见图 5-1)可以看出,舒伯更倾向于第二种观点。舒伯的生涯彩虹图分出了生涯发展阶段,不同角色与各个阶段交叉可以看出生涯特点,作为子女这一角色,从出生开始,到 65 岁结束,即在 65 岁时,父母都不在了,失去了作为子女的角色,中间空白要比两端大,是因为 0~15 岁在父母身边成长,而 50~65 岁陪伴父母更多,这两个时间段内子女这一角色更明显,其中 0~5 岁是涂满状态。个体在 25~65 岁作为工作者的角色几乎被涂满,意味着这是职业生涯部分。这是生涯彩虹图给传递的信息。可以看出生涯不局限于职业角色一种,还包括子女、学生等多重角色。

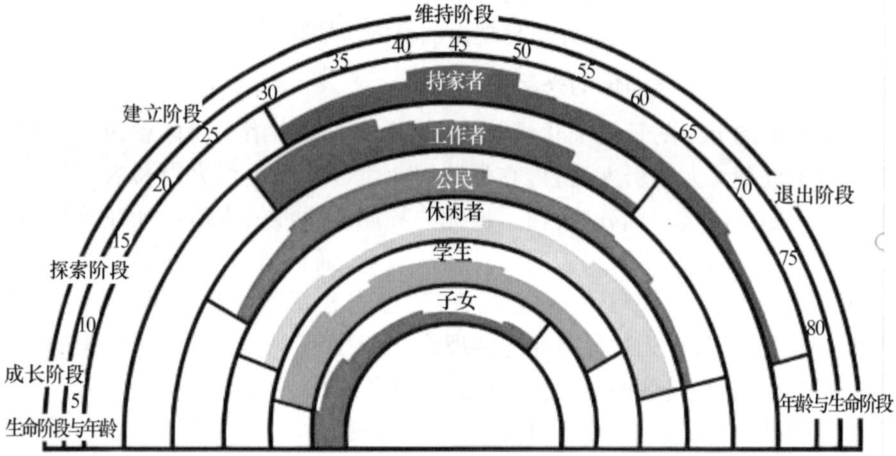

图 5-1　1 舒伯的生涯彩虹图

(二)职业生涯规划的概念

"职业生涯规划"这一概念源于 1908 年的美国,由弗兰克·帕森斯从"职业咨询"中演化而来。国外学者对此有多维度界定:初期,巴克强调职业目标的选择与确定;随后,帕森斯引入了目标实施的内容;而海伍德则将其定义为选择并努力实现职业目标的过程,从而将职业规划与个体整体生涯相结合。这一过程涵盖了对职业的认知、技能学习及相关努力。国内自 20 世纪 90 年代起开始研究职业生涯规划,亦称其为职业生涯设计。多数学者将其与个体未来相联系,如罗双平指出,职业生涯规划需根据自身情况制定合适的职业目标,既要符合个人条件,也要遵循社会规律。王沛则认为它是对未来工作的合理构想及为实现目标所做的计划与行动。周建胜在王沛的基础上进一步细化,提出职业生涯规划应通过审视自身条件与潜力,结合兴趣与身体素质,制订最适合的职业目标并实施计划。

二、现有职业生涯规划与辅导体系的不足

（一）缺乏个性化指导

在深入探讨职业生涯规划与辅导体系的现状时，我们不难发现其显著缺陷之一即缺乏个性化指导。现代社会的多元性和复杂性要求职业规划必须贴合个体的独特性，而当前的规划与辅导体系却常常忽视了这一点。每个人的兴趣、能力、价值观和职业目标均具有其独特性，这些因素共同构成了个体的职业倾向和发展潜力。因此，一个有效的职业生涯规划应当充分考虑到这些个性化因素，为每个人量身定制合适的职业发展路径。然而，现有的体系却往往过于依赖标准化的指导方法，这种方法虽然便于操作和管理，但无法满足个体在职业规划中的特定需求。这种缺乏个性化的指导方式，不仅限制了个人职业发展的多样性和创新性，还可能导致个体在职业道路上遭遇不必要的挫折和困惑。为了弥补这一缺陷，职业生涯规划与辅导体系需要更加注重个体的差异性和多样性，通过深入了解每个人的兴趣、能力、价值观和目标，为其提供更加精准、个性化的指导方案。

（二）与实际职业发展脱节

现有的职业生涯规划与辅导体系存在的另一个显著问题是与实际职业发展脱节，这一问题主要体现在两个方面：一是规划内容过于理论化，缺乏实践指导；二是规划未能及时跟上职业市场的快速变化。在理论化方面，许多职业生涯规划的教材和课程往往侧重于传授理论知识，如职业选择的理论、职业发展的阶段理论等，而忽视了将这些理论与实际职业发展相结合。这导致个体在制定职业规划时，虽然掌握了一定的理论知识，但难以将其应用于实际情境中。当面对真实的职业环境时，他们可能会感到无所适从，甚至对之前的规划产生怀疑。另外，职业市场是一个动态变化的环境，新的职业领域和岗位不断涌现，而传统的职业领域也可能逐渐衰退。然而，现有的职业生涯规划与辅导体系往往未能及时捕捉这些变化，导致其所提供的指导与实际职业发展情况存在较大的差距。当个体按照过时的规划去发展自己的职业生涯时，可能会发现所选择的职业领域已经不再具有发展前景，或者所需的技能和知识已经发生了变化。

（三）辅导内容单一且缺乏深度

在职业生涯规划与辅导体系中，辅导内容的单一性和缺乏深度是一个不容忽视的问题。当前，许多辅导课程和服务往往将重点放在基础层面，如如何

设定明确的职业目标、制作有效的简历以及掌握面试技巧等。这些内容固然重要,因为它们为个体提供了职业生涯的起点和基本的求职工具。然而,仅仅关注这些基础层面是远远不够的。一个全面而深入的职业生涯规划应该涵盖更多元化的内容,包括对行业趋势的深入分析、职业发展路径的多样选择以及职业技能的持续提升等。行业趋势的分析能够帮助个体了解所在领域的动态变化,从而做出更明智的职业选择。职业发展路径的探讨则可以为个体展示更广阔的职业前景,激发其探索和创新的精神。而职业技能的提升则是实现职业持续发展的关键,它要求个体不断学习新知识、掌握新技能,以适应不断变化的工作环境。

(四)缺乏持续的支持与反馈机制

职业生涯规划并非一蹴而就的过程,而是一个需要持续关注和调整的动态系统,然而,在现有的规划与辅导体系中,往往缺乏一种持续的支持与反馈机制,这严重影响了职业规划的有效性和实施效果。个体的职业发展是一个长期且复杂的过程,这期间可能会遭遇各种挑战和变化。因此,一个完善的职业生涯规划体系应该能够提供持续的支持,帮助个体应对职业道路上的种种困难。同时,及时的反馈机制也是至关重要的,它能够让个体了解自己的规划执行情况,发现存在的问题,并据此进行调整和优化。然而,现有的体系往往只提供一次性的指导服务,缺乏后续的跟踪与支持。这导致许多人在规划实施过程中遇到问题时感到孤立无援,无法得到及时的帮助和解决。长此以往,不仅会影响个体的职业发展速度和质量,还可能使其对职业生涯规划本身失去信心和兴趣。

三、完善职业生涯规划与辅导体系的策略

(一)构建多元化、个性化的辅导内容

1. 增设个性化评估环节

在职业生涯规划的初步阶段,通过实施职业兴趣测试、性格测试等评估工具,能够更精确地把握每个人的独特特质、优势领域及潜在能力。这些评估不仅有助于揭示个体的内在动机和职业倾向,还能为后续的职业规划提供科学依据。根据这些评估结果,职业规划师可以为个体量身定制更加符合其实际情况的职业发展建议,从而确保职业规划的针对性和实效性。这一环节的增设,标志着职业生涯规划从传统的“一刀切”模式向更加个性化和精细化的方向转变。

2. 提供多样化的职业规划方案

随着社会的不断进步和新兴行业的涌现，传统的职业规划路径已无法满足当代人的多元需求。因此，提供多样化的职业规划方案显得尤为重要。结合新兴行业和职业的发展趋势，如数据分析、人工智能等前沿领域，可以为个体提供更加广阔的职业发展视野。通过引导个体探索这些新兴领域的职业发展路径，不仅有助于其把握未来的职业机遇，还能激发其创新思维和拓展能力。这种多样化的职业规划方案，旨在满足不同个体的独特需求，推动其职业生涯的多元化和个性化发展。

（二）加强与实际职业发展的联系

1. 建立行业导师制度

在职业生涯规划的体系中，建立行业导师制度是一种富有创新性和实效性的举措，通过邀请来自不同行业背景的专业人士担任导师角色，这一制度为个体提供了一个与行业内部人士直接交流与学习的平台。导师们凭借丰富的行业经验和前瞻性的视野，能够为个体提供宝贵的职业建议和发展指导。定期的交流与互动不仅让个体更深入地了解行业的实际运作情况，还帮助其及时调整自身的职业规划，确保职业目标与实际行业发展趋势相契合。这种制度的实施，有效地弥补了传统职业规划中理论与实践脱节的不足，增强了职业规划的针对性和实用性。

2. 组织实地参观与实习活动

实地参观与实习活动在职业生涯规划中占据着举足轻重的地位，通过亲身置身于真实的工作环境中，个体能够直观地感受职业发展的实际需求，从而更准确地把握职业规划的方向。这类活动不仅为个体提供了实践学习的机会，还助力于其将理论知识与实际工作场景相结合，深化对职业的理解与认知。在实习过程中，个体能够接触到行业前沿的动态，培养实际操作能力，并根据实习反馈调整职业规划，增强规划的实用性和可操作性。

（三）丰富辅导的深度与广度

1. 引入职业心理咨询服务

在职业生涯规划的复杂过程中，个体常常会遭遇各种心理层面的挑战与困惑，这些心理问题若不及时解决，可能会对个体的职业规划产生负面影响。因此，引入职业心理咨询服务显得尤为重要。通过专业的心理咨询，个体能够获得针对性的心理支持和引导，从而有效解决在职业规划过程中遇到的心理障碍。这种服务不仅能够帮助个体更好地认识自我，发掘潜在能力，还能提高其应对职业压力和挑战的能力。最终,通过心理咨询服务,个体能够更加坚定地走好职业生涯规划的每一步。

2. 拓展职业技能培训课程

在职业生涯规划的体系中,基础的职业规划指导固然重要,但要想在职业生涯中取得长足发展,提升专业技能和知识同样关键。因此,拓展职业技能培训课程成为不可或缺的一环。这些课程应涵盖各个行业的最新知识和技能,确保个体能够紧跟时代步伐,不断提升自身在特定领域内的专业素养。通过参加这些培训课程,个体不仅能够增强自身的职业竞争力,还能够在职业生涯中实现更深层次的发展。最终,这些技能的提升将有助于个体更好地实现职业目标,走向成功。

(四)建立持续的支持与反馈机制

1. 设立职业规划跟踪服务

在职业生涯规划的实施阶段,设立一个有效的跟踪服务机制显得尤为重要,该机制的核心在于定期对个人的职业规划执行情况进行全面的检查和科学的评估。通过收集和分析个体在职业发展过程中遇到的实际问题与挑战,跟踪服务能够为个体提供及时的反馈和具体的指导建议。这种持续性的关注与支持,不仅有助于个体发现自身职业规划中的不足之处,更能助其调整和优化原有的规划方案,从而确保职业规划能够在复杂多变的职业环境中得到有效实施。最终,这种跟踪服务机制将显著增强个体职业生涯规划的实施效果,助力其在职业道路上取得更为长足的进步。

2. 建立职业规划交流平台

为了进一步增强职业生涯规划的实效性和互动性,建立一个专门的职业规划交流平台具有重要意义。此平台应致力于为个体提供一个开放、共享的学习环境,人们在其中可以自由地分享各自的职业规划经验、交流实践心得,并相互提供必要的支持和鼓励。通过这种互助式的学习方式,个体不仅能够从他人的成功案例中汲取宝贵的经验和智慧,还能在面临困难和挑战时得到来自同伴的支持和鼓励。这种交流平台的建立,不仅有助于提升个体职业规划的质量和水平,更能在整个职业发展过程中形成一种积极、向上的学习氛围,推动个体在职业生涯中不断前行。

第三节　就业信息服务平台的建设与运营

一、就业信息平台的概念和作用

（一）就业信息平台的概念

就业信息平台作为一个专门的网络服务平台，其核心功能在于集中发布与管理各类就业相关信息。该平台通过高效的信息整合与处理技术，为广大求职者、雇主以及各类教育机构搭建起一个便捷、高效的交流和互动桥梁。其服务对象广泛，覆盖了应届毕业生、在职求职者、企业雇主以及职业咨询师等多个群体，旨在满足不同用户群体在就业过程中的多样化需求。具体而言，应届毕业生可以通过平台获取最新的招聘信息、行业动态以及职业规划指导，从而更好地完成从学校到职场的过渡；求职者则可以利用平台丰富的搜索与匹配功能，快速找到符合自身条件和期望的职位；企业雇主则能够在平台上发布招聘信息，筛选合适的人才，提高招聘效率和质量；而职业咨询师则可以通过平台提供专业的咨询服务，帮助求职者更好地进行职业规划与决策。

（二）就业信息平台的作用

1. 信息传递与共享

在就业市场中，信息传递与共享是至关重要的环节，就业信息平台在这一方面发挥着举足轻重的作用，其能够快速有效地传递和共享就业市场的最新信息。该平台利用先进的网络技术，实时更新和发布各类招聘信息、求职意向以及行业动态，确保用户能够及时获取到最新的就业市场信息。通过这种方式，平台显著降低了信息获取的成本，不仅为求职者提供了更多的就业机会，也帮助企业雇主更广泛地接触到潜在的求职者。这种信息传递与共享的机制，极大地促进了就业市场的透明度和公平性，使得每一个参与者都能够基于充分的信息做出最优的决策。

2. 促进就业匹配

就业信息平台通过精准的信息匹配技术，为求职者和雇主提供了一个高效的匹配机制。这种匹配不仅基于传统的职位描述和求职意向，还引入了更为先进的算法，如大数据分析、人工智能推荐等，以更全面地评估求职者和职位之间的契合度。通过这种方式，平台帮助求职者和雇主找到了最合适的合作伙伴，大大提高了就业市场的匹配效率和成功率，这种精准的匹配机制，不仅节省了双方的时间和精力,还提升了整个就业市场的资源配置效率。

3. 提升就业效率

传统的求职和招聘流程往往烦琐且耗时,而就业信息平台通过技术手段简化了这些流程,从而提高了整个就业市场的运作效率。平台提供了一站式的服务,包括简历投递、在线面试、职位推荐等,使得求职者和雇主能够在更短的时间内完成整个招聘或求职过程。此外,平台还通过自动化和智能化的管理工具,帮助用户更有效地管理和跟踪求职或招聘的进度,进一步提升了效率,不仅降低了双方的交易成本,还使得就业市场能够更为迅速和灵活地响应各种变化,从而更好地服务于经济社会的发展。

二、就业信息平台的功能和特征

(一)主要功能

1. 信息发布与管理

(1)职位发布

职位发布是就业信息平台的核心功能之一,雇主通过此功能,可以详尽地展示招聘信息,这包括但不限于职位描述的具体内容、所需技能与经验的明确要求,以及提供的薪资待遇范围。该功能的设置旨在确保信息的完整性和透明度,帮助求职者更全面地了解职位信息,从而作出更为精准的求职决策;同时,对于雇主而言,这也是一个高效、规范的渠道,用于吸引和筛选符合企业需求的优秀人才。

(2)简历投递

简历投递功能为求职者提供了一个便捷的途径,使其能够向心仪的职位直接展示自己的职业背景和技能。求职者不仅可以在平台上轻松上传并管理自己的个人简历,还能根据个人的职业兴趣和目标,有针对性地选择并投递简历。该功能的设计充分考虑了求职者的使用体验和需求,旨在简化求职流程,提高求职效率。它也为企业雇主提供了更多选择,有助于其更快速地找到合适的人才。

2. 搜索与匹配

(1)智能搜索

智能搜索功能在就业信息平台上发挥着至关重要的作用,用户可以利用关键词、地理位置等多重条件进行精细化的搜索,无论是寻找特定职位还是筛选符合特定条件的求职者,这一功能都提供了极大的便利。通过高效的搜索算法,平台能够迅速响应用户的查询需求,并呈现出最符合条件的结果。

(2)匹配推荐

匹配推荐功能依托于先进的算法和大数据分析技术,根据用户的历史行为、偏好以及市场需求,智能地为用户推荐合适的职位或求职者。这种推荐不仅基于表面的匹配度,更深入地考虑了用户的潜在需求和职业发展路径。通过这种方式,平台有效地提高了就业市场的匹配效率,使得求职者和雇主能够在更短的时间内找到彼此,从而促进了整个就业市场的流动性和活跃度。

(二)特征

1. 实时性

在信息时代,数据的实时更新显得尤为重要,平台通过高效的数据处理机制和即时的信息更新技术,确保所提供的就业信息始终保持在最新状态。这意味着,无论是职位的发布、更新,还是求职者简历的变动,都能在第一时间内反映在平台上。用户因此能够获取到最前沿的就业市场动态,从而做出更为及时和准确的决策。实时性的保障,不仅增强了平台的用户体验,也加强了信息的时效性和参考价值。

2. 互动性

互动性是现代网络平台不可或缺的元素,对于就业信息平台而言尤为如此,平台积极倡导并促进用户之间的互动交流,这不仅有助于信息的流通与共享,还能显著提高信息的透明度和可信度。通过雇主与求职者之间的直接沟通,以及用户间的社区讨论,平台打造了一个开放、多元的交流环境。这种互动性不仅能够加深用户对信息的理解和认知,还能在一定程度上减少信息不对称所带来的风险,增强用户对平台的信任感。

3. 个性化

个性化服务是当代网络服务的重要趋势,也是就业信息平台的一大亮点,平台通过收集和分析用户的行为数据,能够精准地把握每个用户的独特需求和偏好。基于这些洞察,平台能够为用户提供量身定制的服务,如个性化的职位推荐、定制化的求职指导等,这种个性化的服务模式不仅提升了用户的使用体验,还大大提高了信息匹配的精准度和用户满意度。

4. 便捷性

便捷性是衡量一个网络平台用户体验的重要指标。就业信息平台充分考虑到了用户的使用习惯和场景需求,通过优化界面设计、简化操作流程,以及支持移动设备访问等措施,极大地提升了平台的便捷性。用户可以随时随地通过手机或其他移动设备访问平台,快速获取所需的就业信息,无须受时间和地点的限制,高度的便捷性不仅满足了现代人对信息获取效率的追求,也进一步扩大了平台的服务范围和影响力。

5. 安全性

在网络安全日益受到重视的背景下,安全性成为就业信息平台不可或缺的重要特性。平台采用了先进的安全技术,包括但不限于数据加密、身份验证、访问控制等,以确保用户的隐私和数据安全得到全面保护。同时,平台还建立了完善的安全管理制度和应急响应机制,以应对可能出现的安全风险。可见,全方位的安全保障措施,不仅提升了用户对平台的信任度,也为平台的稳定运营提供了坚实的技术支撑。

三、就业信息平台的保障机制

(一)信息安全保障

1. 数据加密技术

就业信息平台深知用户数据的重要性,因此采用了先进的数据加密技术来保护所有敏感信息。这种加密技术利用复杂的算法,将原始数据转化为一种难以解读的形式,即使在数据传输过程中被不法分子截获,也无法轻易解密。通过这种方式,平台能够有效地保护用户的个人隐私,防止数据泄露和滥用。同时,这种加密技术还具有较强的灵活性和可扩展性,能够适应不断变化的安全需求,为用户提供更加可靠的信息安全保障。

2. 定期安全审计

为确保系统的持续安全,就业信息平台实施了定期的安全审计机制,该机制的核心在于对系统的全面检查,旨在发现并修复潜在的安全漏洞。审计过程中,专业的安全团队会对平台的网络架构、数据存储和处理流程进行深入评估,确保每个环节都符合最高的安全标准。此外,安全审计还包括对系统的渗透测试,以模拟黑客攻击,检验系统的防御能力。通过这种方式,平台能够及时发现并解决安全问题,确保整个系统的稳定性和安全性。这种定期安全审计的做法,不仅提升了平台的安全防护能力,也为用户提供了更加可信赖的信息服务;同时,审计结果还为平台的安全策略优化提供了有力支持,推动了信息安全管理的持续改进。

(二)用户隐私保护

1. 隐私规定

在保护用户隐私方面,就业信息平台制定了严格的隐私规定,详细阐述了平台在用户数据收集、使用和存储方面的具体做法，为用户提供了清晰的指导。隐私规定明确指出，平台在收集用户数据时遵循合法、正当、必要的原则，并确保数据的使用仅限于提供服务和改进平台功能。同时，平台郑重承诺，不会将用户数据用于其他商业用途，更不会未经用户同意就向第三方泄露或出售数据。

2. 用户权限管理

为确保用户隐私的进一步安全，就业信息平台提供了精细的用户权限管理功能，允许用户根据自己的需求，灵活设置不同的权限级别。通过这种方式，用户可以严格控制个人信息的访问和修改权限，确保只有经过授权的人员才能查看或修改相关数据。这种用户权限管理机制的实施，不仅增强了用户对个人信息的掌控力，也有效降低了信息泄露和滥用的风险。同时，平台还采取了先进的技术手段，如角色访问控制（RBAC）等，来确保权限管理的精确性和有效性。这些措施共同为用户提供了一个更加安全、可靠的信息服务环境。

（三）服务质量保障

1. 24 小时客服支持

就业信息平台深知用户在使用过程中可能遇到的疑问或困难，因此特别提供了 24 小时不间断的客服支持。这一服务旨在随时解答用户的问题，确保用户能够顺畅地使用平台。客服团队由经验丰富、专业知识扎实的成员组成，他们能够快速准确地识别并解决问题，为用户提供及时有效的帮助。同时，平台还建立了完善的用户反馈机制，定期收集并分析用户的意见和建议，以便不断优化平台功能和服务质量，提升用户的满意度和忠诚度，为平台的持续发展奠定坚实的基础。

2. 定期维护与更新

为确保平台的稳定性和可靠性，就业信息平台执行了严格的定期维护与更新策略，该策略的核心在于对平台进行全面的检查、优化和升级，以确保平台始终保持在最佳状态。维护过程包括对硬件设备的巡检、软件系统的更新以及安全防护的加强等多个环节，旨在发现并解决潜在的问题，增强平台的整体性能。同时，平台还会根据用户需求和市场变化，及时添加新的功能或调整现有服务，以满足用户不断变化的需求。定期的维护与更新做法，不仅保障了平台的稳定运行，也增强了用户的使用体验，进一步巩固了平台在就业信息服务领域的领先地位。

四、平台运营与推广策略

（一）精准定位与目标用户分析

1. 用户画像构建

在数字化营销时代，构建精准的用户画像显得尤为重要，通过对目标用户的深入分析，平台能够更全面、细致地了解用户特征，包括他们的年龄、性别、教育背景、职业分布、消费习惯以及兴趣爱好等关键信息。这些信息被综合起来，形成了一个个具体而生动的用户画像。这些画像不仅揭示了用户的基本属性，还深入挖掘了他们的潜在需求和消费动机。借助这些精准的用户画像，平台能够更准确地把握用户需求，为他们量身打造个性化的服务；以用户为中心的服务模式，不仅增强了用户体验，还进一步增强了用户与平台之间的黏性，为平台的长期发展奠定了坚实基础。

2. 市场细分与定位

根据不同用户群体的特点，如年龄、性别、收入水平、消费习惯等，对市场进行细致的划分，每一个细分市场都代表着具有相似需求和偏好的用户群体，这为平台提供了更精准的营销目标。通过对各细分市场的深入分析和评估，平台能够识别出最具潜力和价值的目标市场，并据此进行精确的市场定位。这种定位不仅有助于平台更精准地投放广告和营销活动，提高资源的利用效率，还能显著提升用户转化率和客户满意度；同时，市场细分与定位也为平台的产品开发和服务创新提供了有力指导，确保平台始终与用户需求保持同步，实现持续的市场竞争优势。

（二）多元化营销策略

1. 线上线下结合

在营销推广策略中，线上线下结合的方式展现出了显著的优势，线上方面，可以利用社交媒体这一现代传播工具，通过精准定位和内容创意，实现品牌信息的高效传播。搜索引擎优化（SEO）技术则能进一步提升品牌在搜索结果中的排名，增加曝光率，从而吸引更多潜在用户。线下活动同样不可忽视，如定期举办招聘会、职业讲座等，这些活动不仅提供了与用户面对面交流的机会，还能直接展示平台的实力和服务质量。通过线上线下的有机结合，营销策略能够覆盖更广泛的受众群体，提升品牌知名度，增强用户黏性。

2. 合作与联盟

通过与其他相关机构或企业建立稳固的合作关系，平台能够共享资源、互通有无,从而实现双赢。例如,与高校、职业培训机构的合作,不仅可以为这些机构提供优质的招聘信息和职业发展指导,还能借助它们的影响力扩大平台的用户基础。此外,联盟策略还能帮助平台拓展业务领域,开发新的服务模式,以满足市场的多元化需求。这种策略的实施,需要平台具备强大的资源整合能力和敏锐的市场洞察力,以确保合作关系的稳定性和长期发展,通过合作与联盟,就业信息平台能够在激烈的市场竞争中脱颖而出,实现可持续发展。

(三)用户黏性增强策略

1. 优质内容输出

平台通过提供高质量的就业信息,包括行业趋势分析、职位推荐以及具体的招聘信息等,来满足用户对就业市场动态的需求。此外,平台还致力于提供深入且实用的职业规划指导,帮助用户明确职业发展路径,提升职业技能,从而增强用户对平台的信赖和依赖。为了进一步吸引用户的关注和参与,鼓励用户生成内容(UGC)也是一个有效的手段。通过设立讨论区、分享经验故事或者撰写行业见解等方式,用户可以更加积极地参与到平台的内容建设中来,不仅能够丰富平台的内容多样性,还能够显著提高用户的参与度,增强用户的黏性,形成良性的社区互动氛围。

2. 积分与激励机制

为了增强用户对平台的忠诚度和黏性,设立一个完善的积分与激励机制显得尤为重要,通过为用户在平台上的活跃行为,如发布职位、参与讨论、分享内容等,提供积分奖励,可以有效促进用户的参与度。这些积分不仅可以作为用户在平台活跃度的象征,还可以用于兑换各种实用礼品或者享受更多高级服务,如优先查看某些特定信息、参与专属活动等。这种积分与激励机制不仅能够让用户感受到平台对他们的认可和回馈,更能够在潜移默化中培养用户对平台的依赖性和归属感,从而有效增强用户的黏性;同时,这种机制也有助于激发用户的正面口碑传播,为平台吸引更多新用户,形成良性的用户增长循环。

第四节　就业指导师资队伍的培养与发展

一、师资队伍现状分析

(一)针对师资队伍规模与结构的深入评估

在高等教育日益普及的背景下,就业指导作为连接学生与职场的桥梁,其重要性日益凸显。目前,就业指导师资队伍的规模虽然已有所扩大,但从实际需求和长远发展的角度来看,人员配备仍显得捉襟见肘。随着学生人数的增加和就业市场的多变,对个性化、专业化的指导需求愈发强烈,这无疑对师资队伍的规模提出了更高的要求。从结构层面分析,现有的师资队伍已初步形成了由资深教授、专业教师及具备丰富行业经验的辅导员组成的多元化教学团队。资深教授以其深厚的学术造诣为就业指导提供了坚实的理论支撑,专业教师则能结合专业特点为学生提供更具针对性的指导,而行业经验丰富的辅导员则能为学生提供第一手的职场信息和实战经验。然而,不可否认的是,当前队伍中年轻化和专业化的新鲜血液相对匮乏。年轻教师通常更具创新精神,能够更快地适应新时代的教育理念和技术手段;而具备专业背景的教师则能更深入地理解行业动态,为学生提供更为前沿的就业指导。

(二)关于专业背景与教学能力的细致剖析

就业指导师资队伍的专业背景呈现出多样化的特点,这不仅有助于拓宽教学视野,也为就业指导工作注入了更多的活力。教育学、心理学、人力资源管理等领域的专业知识,在就业指导中发挥着不可或缺的作用。教育学为教师提供了科学的教学方法和育人理念,使其能够更有效地传授求职技巧和职业规划方法;心理学则帮助教师更深入地理解学生的心理需求,从而提供更为贴心的指导服务;而人力资源管理则使教师能够从用人单位的角度审视学生,为其提供更符合市场需求的就业指导。在教学能力方面,大部分教师已展现出良好的沟通能力和专业素养。他们能够与学生建立和谐的师生关系,通过有效的沟通了解学生的真实需求和困惑,进而提供有针对性的指导。同时,他们也能凭借自身的专业素养,为学生提供专业的求职技巧和职业规划方法,帮助学生更好地应对就业市场的挑战。然而,也有部分教师在实践经验方面略显不足。就业指导不仅仅是理论知识的传授,更需要结合实际情况进行分析和指导。

(三)对师资队伍优势与短板的深入识别

当前,该师资队伍的显著优势在于其多元化的专业背景和丰富的教学经验,这种多元化不仅体现在教师们的学科背景上,如教育学、心理学、经济学等,还体现在他们的工作经历和行业经验上。这种背景的多样性使得教师们能够从多个角度审视就业指导问题,为学生提供更为全面、深入的指导。同时,丰富的教学经验也使得教师能够更好地理解学生的需求,设计更符合学生实际的教学方案。值得一提的是,部分教师与行业保持着紧密的联系,这不仅有助于教师及时了解行业的最新动态和市场需求,从而调整教学内容和策略,还能为学生提供更多的行业信息和资源，帮助他们更好地了解市场动态，做出更明智的职业选择。然而，师资队伍也存在一些明显的短板。部分教师虽然理论功底扎实，但缺乏实战经验，在一定程度上影响了他们对学生实际问题的理解和解决能力。此外，部分教师的教学手段相对单一，过于依赖传统的课堂教学方式，而忽视了网络教学、实践教学等多样化教学手段的运用。

（四）对现有资源与条件的全面审视

在审视现有资源与条件时，笔者注意到学校已经为就业指导提供了一定的教学资源支持，例如，多媒体教室的配备使得教师能够利用现代化的教学手段进行授课，从而提高学生的学习兴趣和参与度。模拟面试室的建设则为学生提供了一个仿真的面试环境，帮助他们更好地了解面试流程、提升面试技巧。这些资源的存在无疑为实践教学提供了极大的便利。然而，也必须看到，与企业的合作尚需进一步加强。目前，虽然学校已经与部分企业建立了合作关系，为学生提供了实习和就业机会，但这种合作的深度和广度仍有待提升。通过与企业建立更紧密的联系，学校可以及时了解企业的用人需求和标准，从而调整教学内容和策略，培养更多符合市场需求的人才；同时，企业也能为学校提供更多的实践教学资源和就业机会，形成良性互动。此外，随着网络技术的飞速发展，应该进一步利用网络资源来拓宽教学渠道、增强教学效果。例如，可以开发线上课程，让学生随时随地都能接受到优质的就业指导服务；利用远程面试技术，让学生能够更便捷地参与到企业的招聘活动中去。

二、培养目标与定位

（一）长期与短期培养目标的明确设定

在构建和优化就业指导师资队伍的过程中，明确设定长期与短期培养目标是至关重要的。长期培养目标的核心在于打造一支高素质、专业化且具备创新能力的师资队伍。这不仅要求教师们具备扎实的就业指导理论基础，还需他们能够紧跟行业发展的步伐，不断更新自身的知识体系，从而为学生提供与时俱进、高质量的就业指导服务。为实现这一目标，需要建立系统的培训机制，包括定期的专业知识更新培训、行业发展趋势研讨会等，同时鼓励教师积极参与实践锻炼，如企业挂职、行业调研等，以深化对行业的理解，提升自身的专业素养。相对而言，短期目标则更加聚焦于提升现有师资队伍的教学水平和实战能力。这意味着需要在短期内采取有效措施，确保教师们能够快速适应当前就业市场的需求变化，为学生提供切实有效的就业指导。为此，可以组织针对性的教学技能提升培训，如案例教学、互动式教学等方法的培训，同时加强实战演练,如模拟面试、就业指导实战案例分析等,以提高教师们在实际工作中的应对能力;此外,建立与企业的紧密联系,及时了解企业用人需求的变化,也是帮助教师们更好地指导学生融入职场的重要途径。

(二)专业素养与实践能力的双向提升方向

在提升就业指导师资队伍的整体素质时,专业素养与实践能力是两个不可或缺的方面。针对专业素养的提升,重点应放在加强教师在就业指导理论、职业生涯规划以及劳动市场分析等领域的深入学习上。这需要教师能够主动关注相关领域的最新研究成果,积极参加专业培训与学术交流活动,以拓宽自身的知识视野。同时,学校也应为教师提供必要的学习资源与平台,如建立专业的图书资料库、在线学习平台等,以支持他们的持续学习与发展。实践能力的提升则更多地依赖于教师们的亲身参与与实战经验积累。为此,应大力组织如模拟面试、企业实习指导等实践活动,让教师有机会亲身参与其中,从而更直观地了解就业市场的运作机制与学生的实际需求。此外,鼓励教师深入企业了解用人需求,不仅有助于提升他们的行业认知能力,还能为他们提供宝贵的实战经验,使其在未来的就业指导工作中更加游刃有余。通过这种双向提升的方式,可以期待就业指导师资队伍在专业素养与实践能力上达到新的高度,从而更好地服务于广大学生的职业发展需求。

(三)国际视野与跨文化交流能力的培养路径

在全球化日益加速的当今社会,国际视野与跨文化交流能力已成为人才培养不可或缺的重要组成部分。对于就业指导师资队伍而言,具备这些素质更显得至关重要。为了有效拓宽教师的国际视野,可以积极引进国际先进的就业指导理念和方法。通过系统学习和实践这些理念和方法,教师们能够更全面地了解国际就业市场的动态和趋势,从而为学生提供更具前瞻性和国际化的就业指导。此外,组织教师参加国际研讨会也是培养国际视野的重要途径。在国际研讨会上,教师有机会与来自不同国家和文化背景的专家学者进行深入交流,分享各自的教学经验和研究成果。这种跨文化的学术交流不仅能够拓宽教师们的视野,还能够激发他们的创新思维,为就业指导工作注入新的活力。与此同时,加强跨文化沟通技巧的培训也至关重要。在多元文化的环境中,有效的跨文化沟通是确保教学质量和指导效果的关键。因此,应该为教师提供专门的跨文化沟通技巧培训,帮助他们掌握与不同文化背景的学生进行有效沟通的方法和策略。

(四)就业指导师资队伍的角色与功能定位阐释

在学生的职业发展过程中,就业指导师资队伍发挥着举足轻重的作用,他们不仅肩负着传授知识的重任,更是学生职业规划的引路人和就业过程的坚实后盾。因此,对师资队伍的角色与功能进行准确定位至关重要。首先,作为知识的传授者,教师应注重理论教学的基础性和系统性。他们需要掌握丰富的就业指导理论知识,能够为学生提供全面、深入的教学内容。通过课堂教学、讲座等形式,帮助学生建立起扎实的理论基础,为后续的职业规划和实践奠定坚实基础。其次,教师还应担任学生职业规划的引导者角色。他们需要了解每个学生的个性特点、兴趣爱好和职业倾向,结合行业发展趋势和市场需求,为学生提供个性化的职业规划建议。通过一对一辅导、职业规划工作坊等方式,帮助学生明确职业目标,制订可行的职业发展计划。最后,教师在学生就业过程中还应发挥支持者的作用。他们需要密切关注学生的就业进展,提供必要的指导和帮助。在学生面临就业困难时,教师要及时给予鼓励和支持,帮助学生调整心态、增强信心;同时,教师还应积极为学生拓展就业渠道,提供就业信息和推荐机会,助力学生顺利融入职场。

三、培养路径与措施

(一)校内培训与研修计划的精心设计

为了系统地提升教师们的专业素养,应当精心设计并定期组织涵盖就业指导理论、职业生涯规划技巧以及行业动态分析等多个方面的培训课程。通过这些课程的学习,教师可以不断更新自己的知识体系,紧跟时代步伐,进而提升自身的教学能力和指导水平。同时,为了加强教师之间的交流与合作,应鼓励教师之间积极开展教学研讨和案例分享活动。通过这些活动,教师可以互相学习、借鉴彼此的教学经验,共同探讨教学中遇到的问题,并寻求有效的解决方案。这种经验交流不仅能够促进教师们的共同成长,还有助于形成积极向上的教学氛围。为了进一步拓宽教师们的视野,提升他们的专业水平,还应该设立专项研修计划。通过选拔优秀教师参加国内外高级研修班,让他们有机会接触到更前沿的教育理念和教学方法,从而为自己的教学实践注入新的活力和创意。

(二)校外实践与企业合作机会的积极拓展

校外实践与企业合作是培养师资队伍实战能力不可或缺的环节,为了增强教师的行业认知,丰富教师的实践经验,应该积极与企业建立长期稳定的合作关系。通过深入企业了解用人需求、参与招聘流程等实践机会，教师们可以更加直观地感受到行业的最新动态和市场需求，从而调整自己的教学内容和策略。这种与企业的紧密合作不仅能够让教师们在实际操作中不断提升自己的指导能力和问题解决能力，还能够为他们提供宝贵的教学资源和实战经验。同时，应该鼓励学生积极参与企业实习项目，并让教师们担任实习指导老师。通过指导学生的实习过程，教师们可以更加深入地了解企业的运作机制和用人标准，从而在未来的就业指导工作中更加得心应手。此外，与企业合作还可以为教师提供更多的教学案例和实践机会，帮助他们在实际操作中不断磨炼自己的教学技艺和指导能力。

（三）在线学习与资源共享平台的建设策略

在信息化时代背景下，利用现代信息技术手段构建在线学习与资源共享平台，已成为提升师资队伍专业素养的重要途径。该平台旨在汇集国内外优秀的就业指导课程、行业报告、案例库等丰富资源，为教师提供一个便捷、高效的学习环境。通过在线平台，教师可以随时随地访问这些优质资源，进行自主学习和知识更新，从而不断提升自身的教学水平和指导能力。同时，为了促进资源共享和良好氛围的形成，应鼓励教师积极制作并分享自己的教学课件、微课视频等教学成果。这些成果的共享不仅能够丰富平台的内容，还能够激发教师之间的学习热情和创新精神。通过互相借鉴和学习，教师可以共同进步，推动整个师资队伍的素质提升。在线学习与资源共享平台的建设，不仅有助于促进师资队伍的自主学习和持续发展，还能够为学校打造一支高素质、专业化、具备创新能力的就业指导师资队伍提供有力支持。

（四）专家讲座与工作坊的组织实施

邀请行业专家、资深职业规划师等开展专题讲座和工作坊活动，是提升师资队伍专业素养和实战能力的重要举措。这些专家和资深人士具有深厚的行业背景和丰富的实践经验，他们的分享和指导能够为教师们带来前沿的行业动态、先进的指导理念和实用的教学方法。通过专家的现场讲解、案例分析以及与教师们的互动讨论，可以激发教师的教学灵感和创新思维，帮助他们更好地理解和应对就业市场的变化和挑战。同时，专家们还可以为教师提供宝贵的实战经验和职业规划建议，使教师在指导学生时更加得心应手。此外，还应鼓励教师与专家建立长期联系，进行深入的学术交流和合作研究。这种持续的互动和合作不仅能够加深教师对行业的理解和认知，还能够推动就业指导工作的创新和发展。

四、激励机制与保障

（一）奖励制度与荣誉体系的深入构建

为了全面激发师资队伍的工作热情和创新能力，构建完善的奖励制度与荣誉体系显得尤为重要。通过精心设立诸如优秀教学奖、创新成果奖等多元化的奖项，可以更加精准地表彰在就业指导工作中表现卓越的教师。这些奖项不仅是对教师们辛勤付出的有力认可，更是对他们教育教学创新成果的充分肯定。同时，建立详尽的教师荣誉档案，持续记录每位教师的成长轨迹和对教育事业的贡献，这样的举措将极大地增强教师们的归属感和荣誉感。这些精心设计的奖励和荣誉，不仅代表了对教师工作的尊重和赞赏，更将成为激励他们不断追求卓越、砥砺前行的强大动力。

（二）晋升机会与职业发展路径的全方位规划

为了确保师资队伍的稳定性和持续发展，为教师提供清晰明确的晋升机会和职业发展路径至关重要。学校应当设立公平、透明且具有操作性的晋升标准，通过科学、客观的评估体系，确保那些在教学、科研以及学生服务等方面表现优秀的教师能够获得应有的职位提升。这样的晋升机制将有助于营造一个公平竞争、积极向上的教育环境。同时，根据每位教师的独特个性、专业背景及兴趣所在，学校应为他们量身打造个性化的职业发展路径。这包括但不限于深化专业研究方向、提升教学与管理能力等多方面的培养计划。通过这样全方位的职业规划，不仅能够有效满足教师们的个人成长和发展需求，更将为学校培育出更多具备高度专业素养和领导才能的优秀人才奠定坚实基础。

（三）工作环境与条件的系统性改善举措

优质的工作环境及条件是提升教师工作效率与满意度的重要保障，学校应高度重视并持续优化教师的教学与办公设施，确保这些硬件设施能够满足现代化教学的需求。针对陈旧、过时的设备，应及时进行更新替换，以保障教学活动的顺利进行。同时，舒适、宽敞的办公环境也有助于提升教师的工作体验和效率。除此之外，校园文化的建设同样不容忽视。一个积极向上、充满活力的校园文化氛围，能够激发教师的工作热情和创新精神。因此，学校应通过举办各类文化活动、加强师德师风建设等方式，营造出一个健康、和谐的校园环境。

（四）经费投入与资源配置的精准优化策略

充足的经费投入与合理的资源配置，是推动师资队伍培养与发展的关键环节,学校必须确保对就业指导工作的经费投入充足且持续,以支持各项培养计划的顺利实施。这些经费不仅应用于日常的教学和办公开支,更应投入教师的专业发展、技能提升等方面。同时,资源配置的优化也是提高教育教学质量的关键。学校应建立公平、透明的资源分配机制,确保每一位教师都能获得应有的教学资源和实践机会,包括但不限于教学设备的分配、专业发展的支持,以及参与国内外学术交流的机会等。通过这样的经费投入与资源配置策略,学校能够为师资队伍的培养与发展提供坚实的物质基础和制度保障,从而推动整体教学质量的持续提升。

第六章　新时期高校学生就业管理与创新创业发展路径探索

第一节　新时期高校学生就业管理概述

一、新时期高校学生就业管理的特征

(一)多元化就业渠道

在新时期背景下,高校学生的就业渠道正呈现出日益多元化的趋势,这一变化不仅体现在传统的校园招聘、社会招聘的持续活跃,更表现在网络招聘、社交媒体招聘等新兴渠道的蓬勃兴起。这些新兴渠道以其独特的优势,如信息更新迅速、覆盖范围广泛、互动性强等,正逐渐受到高校毕业生和用人单位的青睐。多元化就业渠道的拓展,为高校学生提供了更为广阔的就业视野和更多的就业机会,使得他们能够根据自身的兴趣、专业和能力,更加灵活地选择适合自己的职业发展路径;同时,这种多元化的就业市场也进一步促进了人才的流动和优化配置,推动了整个社会的经济发展和进步。

(二)个性化就业指导

随着时代的进步和高等教育的发展,高校学生对就业的需求日益呈现出差异化的特点。为了满足这一需求,新时期高校学生就业管理开始注重提供个性化的就业指导服务。具体而言,学校通过引入专业的职业测评工具,帮助学生全面、客观地了解自己的职业兴趣、能力和优势,从而为他们的职业规划提供科学依据。同时,学校还根据每位学生的具体情况,制订个性化的职业发展计划,包括职业目标设定、职业技能提升、职业路径规划等方面。这种个性化的就业指导不仅有助于学生更加清晰地认识自我,还能帮助他们更加有针对性地提升就业竞争力,实现个人职业价值的最大化。

(三)信息化就业服务

在新时期的高校学生就业管理中,信息化技术的应用正发挥着越来越重要的作用,高校通过积极建立就业信息平台,整合各类就业信息资源,为学生提供更加全面、及时的就业信息服务。同时,借助大数据分析等先进技术手

段，学校还能够对海量的就业数据进行深入挖掘和分析，从而更加准确地把握就业市场的动态和趋势，为学生提供更加精准的就业指导。此外，信息化技术还为学生提供了便捷的在线求职服务，如在线简历投递、线上招聘会参与等，大大提高了学生的求职效率和成功率。可以说，信息化就业服务已经成为新时期高校学生就业管理不可或缺的重要组成部分，为推动高校毕业生就业工作的顺利开展提供了有力保障。

（四）全球化就业视野

随着全球化趋势的日益加强，新时期高校学生就业管理正逐渐拓宽其视野，开始着重培养学生的全球化就业观念。高校通过积极引进国际化课程，使学生能够接触到世界前沿的知识体系，拓宽他们的国际视野。同时，学校还通过开展海外实习项目，为学生提供亲身体验国际职场的机会，从而增强他们的跨文化交流能力和全球竞争力。这些举措旨在帮助学生全面了解国际就业市场的动态与需求，为他们未来在全球范围内寻找和把握就业机会提供有力支持。通过培养全球化就业视野，高校旨在打造具有国际竞争力的人才，以适应日益开放的全球就业环境。

（五）创新创业教育融合

在新时期的高校学生就业管理中，创新创业教育的融合成为一个重要的发展方向，高校通过开设创新创业教育课程，系统地培养学生的创新思维和创业能力。这些课程不仅涵盖了创业理论知识的传授，还注重实践技能的培养，如商业计划书撰写、市场营销策略制定等。此外，学校还定期举办创新创业大赛，为学生提供一个展示自己创新成果和创业计划的平台。通过这些活动，学生的创新意识和创业精神得到了有效激发，也为他们提供了更多的职业选择和发展空间。创新创业教育的融合不仅有助于培养学生的综合素质，还能推动学校与社会的紧密联系，促进产学研深度融合。

二、新时期高校学生事务管理的主要内容

（一）学生思想政治和品德教育

思想政治教育在中国高校教育体系中占据举足轻重的地位，其历史可追溯至高校学生工作的初期阶段。随着时代的演进，这一教育领域不仅未被削弱，反而在高校学生管理工作中愈显其重要性。经济的发展与政治的进步为社会带来了多元化的价值观念，这也使得德育逐渐受到各界的高度重视。德育的核心在于培养学生的道德品质，使其具备健全的人格和社会责任感。为

此,高校在思想政治教育与品德培养方面进行了深入探索,力求通过系统的课程设计、实践活动以及校园文化建设等多种途径,全面提升学生的思想道德水平。

(二)学生行为规范和奖惩

高校学生行为规范和奖惩机制是维护校园秩序、促进学生健康成长的重要组成部分,在中国高校的管理实践中,颁布与实施行政法规是确保学生行为规范化的有效手段。这些法规不仅为学生行为提供了明确的指导,也为校园活动的有序开展提供了有力保障。特别是《学生管理手册》,它作为学生事务管理中的重要文献,详细列明了学校对学生的期望与要求,以及相应的奖惩措施。通过学习手册内容,学生能够更加清晰地了解校规校纪,从而在日常学习和生活中自觉遵守,形成良好的行为习惯和道德品质。

(三)学生心理咨询

心理咨询在学生事务管理中扮演着至关重要的角色,其复杂性和重要性不言而喻。学生的心理活动是其行为活动的内在驱动力,因此,关注学生心理健康、提供及时有效的心理咨询服务显得尤为重要。高校学生正处于人生发展的关键时期,面临着来自学业、就业、人际关系等多方面的压力。这些压力若长期得不到有效缓解,可能会导致学生出现焦虑、抑郁等心理问题,严重影响其学习和生活质量。因此,高校心理咨询工作不仅要提供专业的心理咨询服务,还需通过心理健康教育、心理危机干预等多种手段,全面提升学生的心理素质和应对能力,帮助学生更好地应对当前面临的挑战,为其未来的长远发展奠定坚实的基础。

(四)学生就业指导

随着中国市场经济及高等教育体制改革的不断深化,“双向选择”与“自主择业”已成为当前高校毕业生的主要就业制度。然而,由于市场经济体制尚在持续完善中,加上高校扩招政策,毕业生数量显著增加,高校毕业生面临着前所未有的就业压力,就业形势日趋严峻。在此背景下,高校管理人员的就业指导工作显得尤为重要。为了有效提升毕业生的就业率,实现其个人职业价值,高校应积极整合资源,开展多元化的就业指导服务。具体而言,高校可与社会各方资源紧密合作,在校园内组织各类招聘会,为毕业生提供丰富的就业选择。同时,也应大力倡导并扶持大学生自主创业,通过创业带动就业,拓宽毕业生的职业发展道路。在毕业生就业后,高校就业部门还需与辅导员紧密配合,准确统计各学院、各专业的就业率,以便为下一年的招生工作以及专业教学方案的优化提供有力的数据支持。

(五)学生社团管理

学生社团在高校内具有举足轻重的地位,它们在培养学生的兴趣爱好、发挥学生特长及调节校园氛围等方面发挥着不可或缺的作用。通过组织多样化的校园文化活动和科技创新活动,学生社团已成为挖掘学生潜能、激发学生正能量以及连接学生、家长和教师的重要纽带。这些学生组织的形式丰富多样,如学生会、社团联合会、宿舍管理委员会、大学生自我管理委员会等,以及各类学术、体育、实践和文艺类的特色社团组织。它们不仅为学生提供了展示自我的平台,也为大学的全面发展注入了新的活力。因此,加强学生社团的管理与引导,对于促进学生的全面发展、丰富校园文化生活以及提升学校的整体办学水平具有重要意义。

三、高校学生就业管理体系的构建

(一)组织架构与人员配置

1. 就业管理部门的设立

为确保高校学生顺利就业,提升毕业生的就业质量,高校应设立专门的就业管理部门,不仅负责制定和执行与就业紧密相关的政策,更要肩负起提供全方位就业指导和咨询服务的重任。其核心职能在于根据市场动态与行业需求,有针对性地开展就业指导工作,帮助学生更好地了解就业市场、明确职业规划,并为其提供必要的咨询与支持。通过制定科学、合理的就业政策,该部门能够有效地引导学生树立正确的就业观念,提升他们的就业竞争力。此外,就业管理部门还需积极与企业、行业保持紧密联系,及时了解市场动态和人才需求,以便为学生提供更为精准的就业指导。

2. 人员配置与培训

在人员配置方面,高校应选拔具备专业素养和热情的就业指导老师,他们不仅需要具备扎实的专业知识,还要有丰富的行业经验和敏锐的市场洞察力。这些指导老师将成为学生与就业市场之间的桥梁,为学生提供个性化的职业规划建议和就业指导。为确保就业指导老师能够胜任这一重要角色,高校应提供系统的培训。培训内容不仅包括就业指导理论、行业分析、职业规划等专业知识,还应涵盖与学生沟通、引导等软技能的培养。通过全面的培训,就业指导老师将具备足够的专业知识和技能,从而更好地服务于学生,帮助他们顺利走向职场,实现人生价值。同时,定期培训和更新知识也是必要的,以保证就业指导老师的专业素养始终与市场需求保持同步。

(二)就业服务与支持

1. 就业指导课程建设

在高校学生就业管理体系中,就业指导课程的建设显得尤为重要。该课程的设立,旨在帮助学生全面而深入地了解就业市场的动态、职业规划的基本原理、简历撰写的技巧以及面试过程中的应对策略。通过系统的课程教学,学生不仅能够提升自身的职业素养,还能更加明确自己的职业定位和发展方向。就业指导课程的内容应涵盖市场分析、职业测评、简历优化、面试模拟等多个方面,以确保学生在求职过程中能够全面准备,从容应对。此外,该课程还应注重理论与实践相结合,通过案例分析、角色扮演等教学方法,让学生在模拟的职场环境中提升实际操作能力,为未来的职业生涯奠定坚实基础。

2. 实习与实践机会

实习与实践是高校学生积累职业经验、提升职业技能的重要途径,高校应积极寻求与企业的合作,共同搭建实习与实践的平台,为学生提供丰富多样的实践机会。这种合作模式不仅能够让学生亲身感受职场氛围,了解行业运作流程,还能帮助他们在实践中深化对专业知识的理解与应用。通过实习与实践,学生能够更好地将理论知识与实际操作相结合,提升自身的综合素质和职业技能。同时,这也是一个展示自我、锻炼团队协作能力的大好机会。高校应建立完善的实习与实践管理机制,确保每位学生都能获得有效的职业指导和评估反馈,从而不断调整和优化自身的职业规划与发展路径。

3. 招聘信息发布与匹配

招聘信息的发布与匹配是连接学生与企业的桥梁,也是高校学生就业管理体系中的关键环节。高校应建立专门的招聘信息发布平台,及时收集并更新各类企业的招聘信息,确保学生能够第一时间获取到最新的就业资讯。同时,该平台还应具备智能匹配功能,能够根据学生的专业背景、兴趣爱好以及求职意向,为他们推荐合适的职位信息。这种个性化的服务不仅能够提高学生的求职效率,还能帮助他们更加精准地找到适合自己的工作岗位。为了实现这一目标,高校应加强与企业的沟通与合作,确保招聘信息的真实性和有效性。此外,高校还应定期对招聘信息发布平台进行优化升级,以适应不断变化的市场需求和求职环境,从而为学生提供更加优质、高效的就业服务。

(三)就业跟踪与反馈机制

1. 毕业生就业情况跟踪

毕业生就业情况的跟踪调查是评估高校教育质量及就业服务水平的重要

环节。通过对毕业生的职业发展状况进行持续追踪,高校能够获取宝贵的反馈信息,这不仅有助于了解毕业生的就业满意度、薪资水平和工作环境等实际情况,还能为学校就业管理提供有力的数据支持和参考。这种跟踪调查应当具有科学性和系统性,确保所收集的数据真实有效,能够全面反映毕业生的就业状况。同时,调查结果也能为高校调整专业设置、优化课程结构、改进教学方法等提供重要依据,从而更好地适应市场需求,提升毕业生的就业竞争力。

2. 就业质量反馈与改进

为了不断提高就业管理水平,高校需要积极收集并分析毕业生和用人单位的反馈意见,这些反馈意见能够直接反映高校教育及就业服务的实际效果,帮助学校发现存在的问题和不足。针对这些反馈,高校应及时做出响应,对就业管理策略进行调整和优化,从而提升毕业生的就业质量。此外,高校还应建立有效的沟通渠道,定期与毕业生和用人单位进行交流,确保反馈信息的及时性和准确性。通过这种持续的改进机制,高校能够更好地满足市场需求,培养出更多符合社会需要的高素质人才,同时也为自身的长远发展奠定坚实基础;这种以市场需求为导向、以学生为中心的就业管理模式,将成为高校提升教育质量、增强社会责任感的重要途径。

第二节　创新创业理论及其科学本质解读

一、创新创业理论分析

(一)创新创业的动因与驱动机制

1. 内在动因分析

个人追求与自我价值实现是创新创业的重要内在动因之一,体现了个体对于自我实现和成长的深层次需求。个人通过创新创业,不仅能够将自身的独特想法和观点转化为具体的实践行动,还能在这一过程中不断挑战自我、超越自我,最终实现自我价值的最大化。这种追求自我价值的实现,是推动创新创业的强大内在动力。同时,技术创新与市场需求也是创新创业的内在动因。技术的持续进步和革新,为创业者提供了更多的可能性和机遇。创业者通过运用新技术、开发新产品或服务,满足市场上不断变化和升级的需求,从而实现商业价值。这一过程不仅体现了创新创业的市场导向性,也揭示了技术创新与市场需求之间的紧密联系和互动。

2. 外部驱动机制

资本市场在推动创新创业方面发挥着举足轻重的作用,为创新创业提供了必要的资金支持和灵活的退出机制,有效降低了创业风险和成本。资本市场的完善和成熟,使得更多的资金和资源能够流向具有创新潜力和市场前景的创业项目,从而促进了创业活动的繁荣和发展。此外,社会文化影响也是创新创业不可忽视的外部驱动因素。随着创新创业文化的逐渐兴起,社会大众对于创新和创业的认知和态度发生了显著变化。这种文化氛围激发了人们的创新意识和创业热情,使得越来越多的人愿意投身于创新创业的实践中;同时,一个积极的创业氛围也为创业者提供了更多的支持和资源,进一步推动了创新创业的发展。

(二)创新创业的过程与模式

1. 创新创业的主要过程

(1)创意产生与机会识别

创意产生与机会识别是创新创业的起点,这一过程要求创业者具备前瞻性的创新思维和敏锐的市场洞察力,以捕捉那些尚未被发掘或充分利用的商业机会。通过深入分析市场需求、技术趋势以及竞争格局,创业者能够洞察到潜在的价值创造空间,进而形成具有独特性和可行性的创意。

(2)资源整合与团队组建

创业者需要有效地整合各种内外部资源,包括资金、技术、人才、信息等,以支持创业项目的实施。同时,构建一个高效、协作的团队也是至关重要的。这要求创业者不仅具有出色的领导力和组织协调能力,还要能够吸引和留住具有专业技能和共同愿景的团队成员。通过资源整合和团队组建,创业者能够为创业项目的顺利推进奠定坚实的基础。

(3)商业模式设计与验证

创业者需要设计出一个具有可行性和盈利性的商业模式,以确保创业项目的长期稳定发展。这涉及对市场需求、竞争格局、价值主张、渠道策略、成本结构等多个方面的深入分析和规划。同时,商业模式的验证也是必不可少的步骤。通过市场调研、小范围试点等方式,创业者可以检验商业模式的实际运行效果,并根据反馈进行及时调整和优化。

(4)产品开发与市场推广

基于市场需求和商业模式的设计,创业者需要开发出符合用户期望且具有竞争力的产品。这要求创业者具备深厚的技术功底和创新思维,以确保产品的技术领先性和市场适应性。同时,有效的市场推广策略也是至关重要的。创业者需要通过精准的市场定位、巧妙的营销策略以及高效的渠道拓展,将产品推向市场并实现销售增长。此过程对于创业项目的成功具有决定性的影响,因为它直接关系着项目的盈利能力和市场竞争力。

2. 创新创业的典型模式

(1)技术驱动型创业

技术驱动型创业,其核心在于技术创新,此类创业模式主要依赖于新技术的研发或现有技术在新领域的应用来推动项目的进展。创业者需具备深厚的技术背景和研发能力,通过不断的技术突破,为市场带来创新的产品或服务。技术驱动型创业的风险较高,但一旦成功,其带来的回报也极为可观,且有可能引领行业的技术革新和市场变革。

(2)市场驱动型创业

市场驱动型创业以满足市场需求为导向,创业者通过敏锐的市场洞察力,发掘潜在的市场机会,并据此提供具有创新性的产品或服务。此类创业模式的关键在于准确把握市场动态和消费者需求,以及时调整产品或服务策略,满足市场的不断变化。市场驱动型创业具有较强的市场适应性和灵活性,能够快速响应市场变化,实现商业价值。

(3)社会创业

社会创业以解决社会问题为首要目标,创业者通过创新的方式,提供针对社会问题的解决方案,旨在推动社会进步。这种创业模式不仅注重经济效益,更看重社会效益的实现,追求的是双重效益的平衡。社会创业者需具备强烈的社会责任感和使命感,以创新的思维和方法,推动社会的可持续发展。

(4)平台型创业

平台型创业是通过搭建一个连接多方资源的平台,促进各方之间的合作与交流,从而实现价值的创造。此类创业模式利用网络效应和规模效应的优势,降低交易成本,提高效率,为参与者创造价值。平台型创业需要创业者具备强大的资源整合能力和运营能力,以打造一个稳定、高效、具有吸引力的平台生态系统。

二、创新创业的核心理念

(一)创新驱动发展

1. 创新的定义

创新从学术角度定义,是指通过引入前所未有的想法、方法或技术,实现对现有框架、模式或范式的突破,从而推动知识、技术或实践的前进。在快速变化且竞争激烈的市场环境中,创新显得尤为关键。它不仅是企业维持和提升竞争优势的利器,更是实现长期可持续发展的核心要素。企业若能持续进行创新,便能更好地适应甚至引领市场的变化,探索并占领新的市场领域,进而确保稳定且持续的增长。

2. 创新驱动发展的内涵

创新驱动发展，这一理念在学术上的内涵远比字面意义更为深远，其倡导以创新作为经济社会发展的核心驱动力，旨在通过全方位、多层次的创新活动，推动经济社会实现全面、协调和可持续的发展。在这一过程中，企业被鼓励在技术、产品、服务以及管理等多个层面进行持续且深入的创新实践，以此提升自身的核心竞争力，更好地适应动态变化的市场环境。更为重要的是，创新驱动发展理念着重强调了创新在优化产业结构、转变传统发展方式以及提高整体发展质量和效益中的关键作用。

（二）创业实现价值

1. 创业的定义

创业作为个人或团队通过创办新企业或开展新业务活动的一种方式，其实质是一个自我价值和社会价值双重实现的过程。此行为蕴含了深厚的个人理想与社会使命，不仅为创业者提供了一个展现才华、实现职业梦想与财富追求的平台，更在宏观层面对社会产生了深远的影响。通过创业活动，新的企业和业务模式应运而生，这为社会创造了丰富的就业机会，有效缓解了就业压力；同时，这些新兴企业和业务模式的涌现，也极大地推动了经济的发展，为市场注入了新的活力。

2. 创业实现价值的途径

（1）创新产品与服务的商业价值实现

创新产品与服务的商业价值实现，是创业企业通过研发新产品或提供独特服务来满足市场上未被充分满足或新出现的需求的过程。这一过程体现了创新在市场经济中的核心地位，是创业企业实现经济增长和获取竞争优势的关键。通过深入洞察市场需求，创业企业能够开发出具有差异化竞争优势的产品或服务，从而在激烈的市场竞争中脱颖而出。这种创新不仅为企业带来了直接的经济收益，更重要的是，它实现了商业价值，提升了企业的品牌形象和市场地位。同时，对于消费者而言，这些创新产品和服务提供了更多的选择和更好的体验，满足了他们日益多样化的需求。因此，创新产品与服务的商业价值实现，是一个多方共赢的过程，既促进了企业的发展，也提升了消费者的生活质量。

（2）推动产业升级与结构调整

创业活动在推动产业升级与结构调整方面发挥着举足轻重的作用，通过引入新技术或探索新商业模式，创业企业不仅为自身创造了商业机会，更为整个行业带来了变革的契机。这些创新实践往往能够引领相关产业朝着更高效、更环保、更智能的方向发展,从而实现产业的升级转型。此外,创业企业的成功还能产生示范效应,激发行业内其他企业的创新活力,形成良性竞争态势,共同推动产业的进步。在这一过程中,创业活动不仅促进了经济的整体发展,还为社会的进步贡献了力量。因此,政府和社会各界应大力支持创业活动,为创业者提供良好的创业环境和政策支持,以激发更多的创新潜能,推动产业的持续升级与结构调整。

(3)培养创业精神与激发社会创新活力

创业精神是一种积极向上的精神追求,它体现了人们勇于探索、不断创新的精神风貌。创业者在追求自身梦想的过程中,所展现的坚韧不拔、勇往直前的精神品质,不仅为他们的创业之路注入了强大的动力,更对整个社会产生了深远的示范效应。他们的成功故事成为激励人心的典范,鼓舞着更多的人积极投身于创新创业的行列。这种激励作用不仅激发了社会的创新活力,更有助于培养一个积极向上、充满活力的社会氛围。在这样的氛围中,人们的创造力和想象力得以充分发挥,为经济的持续发展注入了源源不断的动力;同时,这种氛围也为培养更多具有创新精神和创业能力的人才提供了肥沃的土壤,为社会的进步和发展奠定了坚实的基础。

三、创新创业的科学本质

(一)探索未知领域

探索未知领域是创新创业的核心所在,它体现了创业者对未知的好奇与挑战的勇气,在这一进程中,创业者必须以科学精神为指导,保持对新知识、新技术的持续追求。好奇心是推动他们不断前行的原动力,促使他们敢于质疑现有观念,勇于突破传统边界。通过深入细致地研究市场需求、把握技术发展趋势,创业者能够洞察到那些尚未被发掘或充分利用的潜在机会,从而为自身的创新实践奠定坚实基础。这一过程对创业者的个人素质提出了更高要求,特别是需要具备敏锐的洞察力和前瞻性的思维。敏锐的洞察力使创业者能够捕捉到那些稍纵即逝的机遇,而前瞻性的思维则帮助他们预测未来可能的发展趋势,从而提前做好布局和准备。

(二)实践验证假设

在创新创业的征途上,实践验证假设是一个不可或缺的环节,创业者需要将脑海中的理论设想转化为具体可行的操作方案,并通过反复的试验、数据的收集与分析来检验其是否具备实际可行性。这一过程不仅能够帮助创业者验证其创意或技术的有效性，更能为后续的产品优化和市场推广提供有力的数据支撑。实践验证假设的过程要求创业者必须具备严谨的科学态度和实证精神。他们需要以客观、中立的态度对待每一次试验结果，不因个人主观意愿而歪曲或忽略数据所揭示的事实；他们还需要具备扎实的专业知识和丰富的实践经验，以确保每一次试验都能得到科学、准确的结论。

（三）持续优化迭代

创新创业并非一蹴而就的过程，而是一个需要持续优化和迭代的发展历程，创业者必须根据市场的实时反馈、用户的不断变化的需求以及其他相关因素，对产品或服务进行持续的调整和优化。这种优化和迭代不仅限于产品功能的完善或性能的提升，更包括商业模式的创新、市场策略的调整以及组织架构的优化等多个方面。通过持续的改进和创新，创业者能够确保他们的产品或服务始终保持在行业的前沿，从而维持或增强自身的竞争优势。同时，这种持续改进的精神也有助于推动企业内部形成积极向上的文化氛围，激发员工的创新热情和工作积极性。然而，持续优化迭代并不意味着无休止的变动或盲目的跟风，要求创业者必须具备清晰的发展愿景和战略规划，以确保每一次的优化和迭代都是朝着既定的目标前进；他们还需要具备灵活应变的能力和追求卓越的精神，以便在遇到挑战或困境时能够迅速调整策略、寻找新的突破口。

四、创新创业实践中的关键因素

（一）领导力与团队协作

领导力作为一种综合的能力体现，不仅指引着团队明确前进的方向，更在战略制定与实施过程中发挥着至关重要的作用。一个优秀的领导者能够洞察市场趋势，为团队描绘出清晰的发展蓝图，并通过激发成员的积极性和创造力，推动整个团队朝着共同的目标奋进。与此同时，团队协作的力量也不容忽视。在创新创业的道路上，团队成员间的有效沟通、知识共享以及协同工作，都是提升整体执行力和创新能力的关键。通过团队协作，不同背景和专业领域的成员能够相互启发，共同解决挑战，从而加速创新成果的产出。领导力与团队协作的紧密结合，为创新创业项目的成功实施提供了有力的保障，在领导者的引领下，团队成员能够紧密团结在一起，共同应对各种挑战，推动项目的持续发展和进步。

（二）市场洞察与机遇识别

在创新创业的征程中，市场洞察与机遇识别能力共同构成了创业者对市场环境的深刻理解和精准把握，是他们在激烈竞争中脱颖而出的重要武器。市场洞察要求创业者能够深入剖析市场动态，洞察消费者需求的微妙变化，以及准确把握竞争格局的演变趋势。这需要创业者具备敏锐的市场触觉，能够捕捉到那些稍纵即逝的市场信号，从而及时调整战略，抓住发展机遇。同时，丰富的行业经验也是不可或缺的，它能够帮助创业者更好地解读市场现象，预测未来趋势，从而做出更为明智的决策。机遇识别则是市场洞察的延伸和应用，在浩如烟海的市场信息中，创业者需要准确识别出那些具有潜在价值的商业机会，这既需要他们具备敏锐的洞察力和判断力，也需要他们拥有勇于尝试和接受挑战的勇气。

（三）风险管理与资源配置

在充满不确定性的市场环境中，创业者必须具备全面的风险管理知识，以应对可能出现的各种挑战。这不仅包括技术风险、市场风险、资金风险等显性风险，还涉及团队协作、政策变化等隐性风险。通过制定科学的风险评估机制，创业者能够及时发现并应对这些风险，确保项目的稳健推进。同时，资源配置也是确保创新创业项目成功的关键因素。创业者需要在有限的资源条件下，做出最优的资源配置决策，以支持项目的顺利实施和高效运转，要求他们不仅具备出色的战略规划能力，能够根据项目的不同阶段和需求合理分配资源，还需要他们拥有灵活的应变能力，能够在遇到突发情况时迅速调整资源配置方案。

五、创新创业教育的意义

（一）培养创新创业人才

培养创新创业人才是当下教育领域的重要使命，尤其在快速变化的社会和经济环境中显得愈发关键。创新创业教育的根本目的在于通过系统的教育方法和实践机会，孕育出具备高度创新思维和创业实践能力的人才。这不仅要求学生掌握扎实的专业知识，更需培养他们独立思考、勇于探索、不断创新的精神。在这一过程中，教育机构应提供多元化的课程设置，结合理论与实践，使学生在学习过程中不断挑战自我、挖掘潜能；同时，通过实际项目的参与和实践经验的积累，学生能够更好地理解创新创业的内涵，形成解决问题的能力，并培养出对未知领域的探索热情。

（二）构建实践导向的课程体系

在创新创业教育的框架下，构建实践导向的课程体系以提升学生的实践能力和创新精神为核心目标，强调理论知识与实践活动的有机结合。通过设计具有针对性和实用性的课程内容，学校能够引导学生积极参与实践活动，从而在实际操作中加深对理论知识的理解和应用。实践导向的课程体系不仅要求学校提供充足的实践资源，如实验室、实习基地等，还需建立起一套完善的实践教学机制，包括实践教学计划的制订、实践过程的指导与监督以及实践成果的评估与反馈等。

（三）产学研用协同育人机制

创新创业教育在推动产学研用深度融合方面发挥着关键作用，这种融合进一步促成了协同育人的良好机制。在这一机制下，学校、企业与科研机构等各方紧密合作，共同参与到人才培养的全过程中。通过整合各方优势资源，制定切实可行的人才培养方案，开发具有前瞻性和实用性的课程资源，以及搭建多功能、高效率的实践平台，协同育人机制为学生提供了前所未有的学习与实践机会。该机制的实施不仅有助于实现教育资源的优化配置和高效利用，更能显著增强人才培养的针对性和实效性；产学研用的深度融合也促进了科技成果的快速转化和应用，推动了经济社会的持续健康发展。

第三节　新时期高校学生创新创业发展路径探索

一、转变高校学生创新创业教育的理念

（一）坚持全面发展教育理念

1. 深化对全面发展理念的理解

全面发展教育理念是现代教育思想的重要组成部分，它强调学生在知识、能力、素质等各方面的协调与全面发展。在这一理念下，创新创业教育不仅被视为培养学生创新精神和实践能力的重要途径，更被看作是促进学生全面素质提升的关键环节。通过创新创业教育，学生能够在掌握专业知识的基础上，拓宽视野，提高解决实际问题的能力，进而在激烈的社会竞争中立于不败之地。因此，深化对全面发展理念的理解，就是要充分认识到创新创业教育在促进学生全面发展中的核心地位和重要作用。

2. 构建多元化教育体系

在坚持全面发展教育理念的过程中，构建多元化教育体系显得尤为重要。这一体系旨在将创新创业教育与专业教育、通识教育等有机融合，形成相辅相

成、互为补充的教育格局。具体而言,多元化教育体系应当注重跨学科的知识整合,鼓励学生打破学科壁垒,探索不同领域之间的内在联系。同时,该体系还应强化实践教学环节,通过校企合作、项目驱动等方式,让学生在亲身参与中感受创新创业的魅力。此外,多元化教育体系还应注重培养学生的国际视野和跨文化交流能力,以适应全球化时代的挑战。通过这些举措,可以构建一个更加开放、包容、多元的教育环境,为学生的全面发展提供有力支撑。

3. 促进学生个性化发展

在全面发展教育理念的指导下,促进学生个性化发展是教育的重要目标之一,每个学生都有其独特的兴趣、爱好和天赋,教育应当尊重并充分利用这些个性差异,为学生提供个性化的创新创业教育路径。这要求教育者深入了解学生的需求和特点,制定针对性的教育方案,以激发学生的创新精神和创业潜能。同时,教育者还应鼓励学生积极参与各类创新创业活动,如科研项目、创业竞赛等,让学生在实践中发现自我、挖掘潜能、实现价值。通过这些努力,可以培养出更多具有创新精神、创业能力和社会责任感的人才,为社会的进步和发展贡献力量。

(二)科学制定人才培养规格

1. 明确人才培养目标

在科学制定人才培养规格的过程中,明确人才培养目标是首要任务,这一目标的确定需紧密结合社会需求和行业发展趋势,确保高校所培养的创新创业人才能够符合时代的要求。具体而言,高校应致力于培养具有创新精神、创业能力和社会责任感的人才。这类人才不仅应具备扎实的专业知识和技能,还需拥有敢于挑战、勇于创新的精神,以及将创新想法转化为实际行动的能力;他们还应具有强烈的社会责任感,能够在创新创业的过程中兼顾社会效益,为社会的可持续发展做出贡献。

2. 制定合理的人才培养方案

制定合理的人才培养方案是实现人才培养目标的关键环节,高校需结合自身特色和资源优势,从课程设置、实践教学、师资队伍等多个方面进行综合规划。在课程设置上,应注重理论与实践的结合,既要传授学生必要的理论知识,又要通过实践课程培养学生的实际操作能力。在实践教学方面,高校应与企业、行业等建立紧密的合作关系,为学生提供丰富的实践机会和平台。此外,加强师资队伍建设也是不可或缺的一环,高校需通过引进优秀人才、加强教师培训等措施,打造一支高素质、专业化的教师队伍,为人才培养提供有力保障。

二、强化高校学生创新创业校内的教学

（一）重构创新创业的课程体系

1. 增加基础素养课程

在重构创新创业课程体系的过程中，增加基础素养课程是至关重要的一步。这类课程旨在培养学生的创新创业基础素养，为他们未来的职业发展奠定坚实的基础。通过减少专业课程总量，并将教学重点转向基础素养的培养，可以更有效地提升学生的综合素养。这不仅包括基本的沟通能力、团队协作能力，还涵盖创新思维、问题解决能力等。这些基础素养是学生未来在创新创业道路上不可或缺的核心能力，也是他们适应社会快速发展和变革的关键。

2. 增加综合性课程

跨学科教学在创新创业教育中具有举足轻重的地位。为了培养学生的多元化思维和复合型人才，必须重视并增加综合性课程。这类课程融合了多个学科领域的知识，旨在开阔学生的视野，提升他们的综合分析能力。通过文科与理科的相互促进，学生不仅能够掌握本专业的核心知识，还能接触到其他相关领域的内容，从而形成更为全面和丰富的知识体系。这种跨学科的学习方式有助于学生在未来的创新创业实践中，更好地应对复杂多变的问题和挑战。

3. 开设选修课程

在创新创业课程体系中，选修课程的设置同样不容忽视，选修课程应该具有前瞻性、经典性、知识性、可操作性、启发性和讨论性等特点，以满足不同学生的个性化需求。通过提供多样化的选修课程，学生可以根据自己的兴趣和职业规划进行选择，从而更深入地探索某一领域或主题。同时，建立完善的选修学分制度，能够确保学生选修课程的学习质量，并激励他们更加积极地投入选修课程的学习中。

（二）改革创新创业的实践教学

1. 高校引进企业优质人才

在推动高校创新创业教育发展的过程中，引进企业优质人才是一项关键策略，高校应加强与企业、行业及科研院所等外部机构的紧密联系，构建一个开放、协同的创新创业生态环境。通过这一途径，高校能够吸引具有丰富实践经验和行业洞察力的企业精英人才，加入高校实践教师队伍，担任创业导师的角色。这些企业精英不仅能为学生提供前沿的行业知识和实践技能指导，还能分享宝贵的创业经验和市场洞察，从而帮助学生更好地将理论知识与实践

相结合，提升创新创业能力。此外，高校还可以与企业共同出资建立创新创业平台，进行横向课题研讨，这种合作模式既能促进产学研深度融合，又能为学生提供更多实战机会，进一步提高他们的创新创业水平。

2. 企业建立高校专家指导团队

企业建立针对高校创新创业教育的专家指导团队，是深化校企合作、促进产学研结合的重要举措。该举措旨在通过建立企业与高校之间的紧密合作关系，形成创业关系网络，从而更有效地引进和应用高校科研成果，实现经济效益的转化。专家指导团队应由来自不同学科背景的高校专家组成，他们能够提供全方位的学术支持和创新指导，帮助企业解决技术难题、优化产品研发流程。这种合作模式也为高校专家提供了将科研成果应用于实际生产的机会，促进了科技创新成果的转化和产业化。通过这种双向互动和资源共享，企业和高校能够共同推动创新创业教育的深入发展，培养更多具备创新精神和实践能力的人才，为社会的可持续发展注入新的活力。

三、优化高校学生创新创业的外部环境

（一）社会文化环境营造

1. 创业文化宣传

创业文化的宣传是推动创新创业发展的重要环节，通过多元化的渠道，如媒体、学校以及社区，可以广泛传播创业的理念和价值。媒体作为信息传播的主要载体，具有广泛的影响力和快速的传播速度，通过报道创业成功案例、分享创业经验，能够激发年轻人的创业热情。同时，学校和社区作为年轻人聚集的地方，通过开展创业教育、举办创业讲座和活动，能够培养学生的创业意识和创业能力；全方位的创业文化宣传，不仅能够鼓励年轻人勇于尝试、敢于创新，还能为整个社会营造一种积极向上的创业氛围。

2. 社会认可度提升

提高社会对创业的认可度和支持度，是推动创新创业发展的关键因素之一，在传统观念中，创业往往被视为一种风险较高的选择，这使得许多有创业意愿的年轻人望而却步。因此，提升社会对创业的认可度至关重要。通过宣传创业的重要性和价值，展示创业者的风采和成果，可以让更多人认识到创业不仅是一种职业选择，更是一种实现自我价值和社会价值的方式。同时，政府和社会各界也应该给予创业者更多的支持和关注，减少他们的社会压力，增强他们的创业信心。

(二)教育资源整合

1. 校企合作深化

通过深化校企合作,可以有效地实现资源共享,从而为学生提供更为丰富的实践机会与创业资源。这种合作模式不仅有助于高校更好地了解市场需求和行业发展趋势,进而调整教育内容和方式,还能使企业获得更多高素质的人才资源和创新成果。具体而言,高校可以邀请企业参与课程设计、实践教学等环节,共同培养学生的实际操作能力和职业素养;企业也可以提供实习岗位、项目合作等机会,帮助学生积累实践经验,拓宽创业视野。

2. 创业教育普及

在高校中普及创业教育,是提升学生创业意识和创业能力的重要途径,创业教育不仅能够帮助学生了解创业的基本知识和技能,还能培养他们的创新思维和解决问题的能力。为了实现创业教育的普及,高校应该建立完善的创业教育课程体系,将创业教育纳入教学计划,并确保其贯穿于学生的整个学习过程。同时,高校还可以通过举办创业讲座、开展创业实践活动等方式,增强学生的创业体验,提高学生实践能力。此外,建立一支具备丰富创业经验和教学能力的师资队伍也是关键,他们能够提供专业的指导和建议,帮助学生更好地掌握创业的核心要素和技巧。

四、实践平台与孵化器的建设与完善

(一)实践平台建设

1. 校内实践基地

校内创新创业实践基地的建设,对于培养学生的创新创业能力具有重要意义,通过设立专门的实践基地,高校能够为学生提供充足的场地、先进的设备以及必要的资金支持,从而鼓励学生积极开展创新创业项目。这种实践基地不仅为学生提供了一个将理论知识转化为实际操作的平台,还能够让他们在实践中发现问题、解决问题,进而锤炼其创新思维和创业技能。同时,实践基地还可以定期举办创业讲座、工作坊等活动,邀请行业专家和企业导师前来指导,帮助学生更好地把握市场动态和创业机遇。通过这些举措,校内实践基地有望成为孕育未来创新创业人才的摇篮。

2. 校外合作实践

通过与企业携手,高校能够为学生提供更加真实的创业环境和更为丰富的实战经验。在这种合作模式下,企业可以为学生提供实习岗位、项目参与等机会，让他们亲身感受创业的全过程，从而更深入地了解市场需求、行业规则以及创业挑战。同时，企业导师的指导和帮助，也能够让学生在实践中快速成长，不断提升自身的创业素养和综合能力。这种校外合作实践的方式，不仅有助于弥补高校内部资源的不足，还能够促进产学研深度融合，为培养具有社会责任感和创新精神的高素质人才奠定坚实基础。

（二）孵化器建设

1. 专业孵化器设立

针对高校学生设立的专业孵化器，是创新创业生态体系中不可或缺的一环，这类孵化器专注于为初创项目提供全方位的孵化服务，包括但不限于项目策划、资源整合以及市场推广等。通过专业孵化器的支持，学生创业者能够在创业初期获得必要的指导和资源，从而降低创业风险，提高成功率。专业孵化器通常拥有一支经验丰富的管理团队，他们能够根据项目的特点和市场需求，为创业者量身定制发展策略，并协助其解决在创业过程中遇到的各种问题。此外，孵化器还能帮助创业者建立与投资者、合作伙伴和行业专家的联系，为项目的长期发展奠定坚实基础。

2. 创业导师制度

建立创业导师制度，是提升高校学生创新创业能力的重要举措，通过邀请成功企业家、投资人等具有丰富创业经验和行业洞察力的专业人士担任导师，能够为学生提供宝贵的指导和帮助。这些导师不仅能够分享他们的创业经历和成功经验，还能针对学生的具体项目提出建设性意见，帮助学生规避潜在风险，优化商业模式。此外，创业导师还能为学生提供行业内的最新动态和市场信息，有助于他们更好地把握创业机遇。

（三）服务与支持体系完善

1. 项目评估与筛选

建立科学的项目评估机制对于优化创新创业环境，旨在通过一系列量化指标和质性评估，全面而客观地衡量创业项目的潜力和市场前景。评估过程应包括项目的创新性、实用性、商业模式、团队能力等多个维度，以确保筛选出真正具有发展潜力和社会价值的项目进行重点扶持。这种评估不仅有助于合理分配资源，还能够提高创业项目的成功率和市场竞争力。通过科学的项目评估与筛选，可以为高校学生创业提供更加精准和有效的支持，推动创新创业生态系统的良性发展。

2. 资金与融资支持

资金是创业过程中不可或缺的资源，对于高校学生创业者而言尤为重要，因此，提供创业启动资金并协助学生创业者进行融资是解决资金难题的关键。这包括设立专门的创业基金，为初创项目提供必要的资金支持，以及搭建与投资者和金融机构的桥梁，帮助学生创业者拓宽融资渠道。同时，还可以通过政策引导和财政补贴等方式，鼓励更多社会资本投入高校学生创业领域。

3. 培训与辅导服务

创业不仅需要热情和创意，还需要系统的知识和技能，因此，定期举办创业培训课程对于提升学生创业者的综合素质至关重要。这些课程应涵盖市场营销、财务管理、团队协作等多个方面，帮助学生建立全面的创业知识体系。同时，提供法律咨询、财务规划等辅导服务也是必不可少的。这些服务能够帮助学生规避创业过程中的法律风险，优化财务结构，从而增强创业项目的稳定性，提高其盈利能力。通过完善的培训与辅导服务，可以为学生创业者提供全方位的支持，助力他们在激烈的市场竞争中脱颖而出。

第七章　新时期高校学生就业心理与辅导

第一节　高校学生就业心理特征与需求分析

一、高校学生就业心理特征

（一）焦虑与压力

在当前的就业市场中，高校学生面临的焦虑与压力日益凸显，这种心理状态主要源于对日益严峻的就业形势的深刻感知。随着高校毕业生数量的逐年攀升和就业岗位的相对稀缺，学生们普遍对于能否找到一份合适的工作感到担忧。这种担忧不仅涉及个人的职业发展，更关系着未来的生活质量和社会地位。因此，他们在求职过程中表现出明显的紧张和不安，担心自己的专业背景、技能水平以及社会经验无法满足用人单位的需求。同时，对未来的职业发展路径也感到迷茫，不确定自己应该选择哪个行业、哪个岗位，以及如何规划自己的职业生涯。为了缓解这种焦虑和压力，高校学生需要积极寻求外部支持和内部调整。外部支持方面，可以通过参加就业指导课程、咨询职业规划师或寻求心理咨询师的帮助来理清思路、明确目标。内部调整方面，则需要学会自我调适，通过运动、冥想等方式来缓解紧张情绪，保持积极的心态面对就业挑战。

（二）期望与现实冲突

高校学生在即将踏入社会、开启职业生涯的重要阶段，往往对自己的第一份工作抱有较高的期望。他们希望这份工作不仅能够提供丰厚的薪资待遇，还能给予广阔的职业发展空间和丰富的工作经验。然而，在现实情况中，由于多种因素的影响，如市场竞争、行业特点、企业规模等，学生所期望的理想工作往往难以实现。这种期望与现实的冲突给高校学生带来了一定的心理落差。当发现实际工作环境与薪资待遇并不如预期时，他们可能会感到失望和沮丧，甚至对自己的价值和能力产生怀疑。这种心理落差不仅影响学生的工作积极性和职业发展动力，还可能导致他们对未来的职业规划产生迷茫和困惑。为了缩小期望与现实之间的差距，高校学生需要更加理性地看待就业市场和工作机会，在求职过程中，他们应该充分了解行业特点和企业需求，制定合理的职业规划和发展目标;同时,也要学会调整自己的期望值,以更加务实的态度面对工作选择。

(三)依赖与自主矛盾

部分学生由于长期在校园环境中学习和生活,习惯于依赖学校、老师或家长来解决问题。因此,在面临就业这一人生重要转折点时,他们往往希望继续获得来自外部的支持和帮助,以减轻自身的决策压力和责任。这种依赖性表现在对就业指导课程的积极参与、对校园招聘会的高度关注以及对老师和家长意见的过度依赖等方面。然而,随着就业市场竞争的日益激烈,自主择业能力逐渐成为高校学生必备的素质。现代职场环境要求员工具备独立思考、自主决策和解决问题的能力。因此,高校学生在就业过程中必须逐渐摆脱依赖心理,培养自主意识和能力,包括主动了解就业市场、积极寻找实习机会、自主制定职业规划以及勇敢面对就业挑战等方面,只有具备自主择业能力的学生,才能在激烈的就业竞争中脱颖而出,实现个人职业发展的目标。

(四)从众与个性化选择

在高校学生就业的过程中,从众心理与个性化选择之间的张力也是一个值得关注的现象。由于社交环境和群体压力的影响,一些学生在就业时会不自觉地受到同学、朋友的选择和看法的影响,从而表现出一定的从众心理。他们可能会倾向于选择那些被普遍认为"热门"或"有前景"的行业和岗位,而忽视了自己的兴趣、特长和长期职业规划。然而,随着个性化时代的到来,个性化的职业发展越来越受到重视。每个学生都有自己独特的兴趣、能力和价值观,这些因素应该成为他们职业选择的重要依据。越来越多的学生开始意识到,只有追求与自己内心契合的职业道路,才能获得长期的职业满足感和成就感。因此,高校学生在就业过程中需要学会平衡从众心理与个性化选择的关系,他们应该通过自我探索和职业规划课程来了解自己的独特性和优势,明确自己的职业目标和发展方向。同时,也要学会抵御外界的压力和诱惑,坚持自己的职业理想和选择,学校和社会也应该鼓励和支持学生的个性化职业发展,提供多样化的教育资源和就业机会,以满足不同学生的需求和发展潜力。

二、高校学生就业需求分析

(一)职业发展与规划需求

1. 明确的职业规划指导

在高校学生迈向职业道路的关键时刻,明确的职业规划指导显得尤为重要,学生们身处职业生涯的起点,往往对于未来的职业路径缺乏清晰的认识和规划。因此,他们迫切需要专业的指导来帮助理清思路,明确自己的兴趣所在、价值观取向以及长期职业目标。这种指导不仅有助于学生更好地了解自己,发现潜在的职业兴趣和能力,还能引导他们制定出切实可行的职业规划,从而避免盲目求职和职业发展中的迷茫。通过系统的职业规划指导,学生可以更加有针对性地提升自我,为未来的职业生涯奠定坚实的基础。

2. 行业与岗位了解

高校学生在求职过程中,对行业与岗位的了解程度往往直接影响其职业选择的质量和满意度,然而,由于学生在校期间主要接触的是理论知识,对实际行业发展和岗位要求的了解相对有限。因此,他们需要更多关于行业发展趋势、岗位职责和要求的信息,以便做出更明智的职业决策。这种信息的获取不仅有助于学生拓宽视野,了解不同行业的特点和前景,还能帮助他们更准确地定位自己,找到适合自己的职业方向。通过深入了解行业和岗位,学生可以更加有针对性地提升专业技能和综合素质,从而更好地适应市场需求,实现个人职业发展的顺利过渡,也有助于他们在未来的职业生涯中更好地把握机遇,应对挑战,实现个人价值的最大化。

(二)就业信息与资源需求

1. 及时有效的就业信息

学生们身处快速变化的就业市场,面临着激烈的竞争和不断变化的岗位需求,因此,他们必须能够获取最新、最准确的就业市场信息,包括各类招聘会的举办时间、地点和参会企业,企业的招聘需求、岗位要求和薪酬待遇,以及行业的最新动态和发展趋势等。这些信息不仅有助于学生了解市场状况,还能帮助他们及时调整求职策略,提高求职的针对性和成功率。为了满足这一需求,高校和相关部门应建立完善的就业信息发布机制,确保信息的准确性和时效性。同时,还应积极利用现代信息技术手段,如就业信息网站、手机应用等,为学生提供便捷的信息获取渠道。通过这些措施,可以帮助学生更好地把握就业机会,实现顺利就业。

2. 多元化的求职渠道

随着信息技术的迅猛发展和社交媒体的普及,求职渠道日益多元化,对于高校学生而言,传统的招聘会、人才市场等求职渠道虽然仍具有一定价值,但已无法满足他们多样化的求职需求。因此,了解并利用网络平台、社交媒体等新兴求职渠道显得尤为重要。网络平台如招聘网站、在线职业社区等,为学生提供了海量的职位信息和便捷的求职服务。通过这些平台,学生可以随时随地搜索心仪的岗位，与招聘方进行在线沟通和交流，大大提高了求职的效率。而社交媒体则为学生展示自我、建立职业人脉提供了广阔的空间。通过精心打造个人职业形象、分享专业见解和成果，学生可以在社交媒体上吸引潜在雇主的关注，从而获得更多的职业机会。

（三）技能提升与培训需求

1. 专业技能培训

随着技术的不断进步和行业的快速发展，特定行业或岗位对专业技能的要求也在不断提高。因此，针对这些行业或岗位的专业技能培训成为学生提升就业竞争力的关键。这种培训不仅有助于学生掌握最新的行业知识和技能，还能使他们更好地适应未来工作岗位的要求，从而在求职过程中脱颖而出。专业技能培训应该紧密结合行业发展趋势和岗位要求，注重理论与实践相结合。通过模拟实际工作环境，让学生进行实践操作，从而更好地理解和运用所学知识。此外，培训还应注重培养学生的创新能力和团队协作精神，以适应不断变化的工作环境。为了满足学生的专业技能培训需求，高校应积极与企业合作，共同开发培训课程，确保培训内容的实用性和前瞻性。同时，高校还应建立完善的培训体系，为学生提供多样化的培训选择，以满足不同行业、不同岗位的技能需求。

2. 求职技巧训练

简历撰写、面试准备和职场礼仪等方面的指导和训练，对于提高学生求职成功率具有重要意义。一份优秀的简历能够凸显学生的个人优势和特长，吸引招聘方的关注；充分的面试准备则能帮助学生自信、从容地应对各种面试问题，展现出自己的专业素养和综合能力；而良好的职场礼仪则能让学生在职场中给人留下良好的第一印象，为未来的职业发展奠定坚实基础。为了满足学生的求职技巧训练需求，高校应开设相关的就业指导课程，由经验丰富的职业咨询师或 HR 专家进行授课。高校可以通过模拟面试、简历制作大赛等实践活动，让学生在实践中不断提升自己的求职技巧；高校还应定期邀请企业 HR 或行业专家来校举办讲座或工作坊，为学生提供最新的求职信息和实用的求职建议。

（四）心理支持与辅导需求

1. 应对就业压力

在当今高度竞争的就业环境中，高校学生面临着前所未有的压力，这种压力不仅来源于对就业前景的担忧，还包括对个人能力、职业选择等多方面的考量。因此,学会如何有效管理就业压力,保持积极的心态,对于学生顺利度过求职期具有重要意义。就业压力的应对需要综合运用多种策略。一方面,学生可以通过参加就业指导课程,了解就业市场的实际状况,从而制定合理的求职期望和规划,减少不必要的焦虑。另一方面,心理辅导服务能够提供专业的压力管理技巧,如放松训练、认知重构等,帮助学生调整心态,增强心理韧性;此外,积极参与校园活动、与同学交流分享等也有助于缓解就业压力,营造积极的求职氛围。

2. 建立自信

对于高校学生而言,建立自信不仅有助于更好地展示自己的能力和潜力,还是应对求职挫折、实现职业目标的重要基础。然而,由于缺乏职场经验和对自我价值的准确认知,部分学生在求职过程中往往表现出自信心不足的问题。为了解决这一问题,心理辅导服务应致力于帮助学生建立积极的自我形象,提升自我价值感。这可以通过引导学生进行自我探索、明确个人优势和特长来实现。心理辅导还应注重培养学生的自我效能感,即让他们相信自己有能力完成任务、实现目标。此外,模拟面试、角色扮演等实践活动也是帮助学生建立自信的有效途径,通过这些活动,学生可以在相对安全的环境中体验求职过程,逐步克服紧张、恐惧等负面情绪,增强自信心,提高应对能力。

(五)实践与实习机会需求

1. 实习经验积累

实习经验对于高校学生而言,是连接学术理论与职业实践的桥梁,通过实习,学生能够深入实际工作环境,亲身体验职场氛围,从而积累宝贵的工作经验。这种经验不仅有助于学生更全面地了解行业运作模式和职场规范,还能提升他们的职业技能和团队协作能力。在实习过程中,学生可以将课堂上学到的理论知识应用于实践中,通过解决实际问题来加深对专业知识的理解。同时,与同事和上级的互动也能锻炼学生的沟通能力和团队协作精神,为他们未来的职业生涯奠定坚实基础。为了满足学生对实习经验的需求,高校应积极与企业合作,建立稳定的实习基地,为学生提供丰富的实习机会。此外,高校还应加强实习管理,确保学生在实习过程中能够得到有效的指导和监督,从而充分发挥实习的价值。

2. 行业导师指导

在行业实习过程中,学生渴望得到经验丰富的导师的指导,一位优秀的行业导师不仅能够为学生提供专业的知识和技能指导,还能帮助他们更好地适应职场环境,明确职业发展方向。导师的丰富经验和智慧对于学生来说是一笔宝贵的财富,能够让他们在实习过程中更快地成长和进步。行业导师的指导作用主要体现在以下几个方面:首先,导师可以帮助学生快速熟悉工作环境和业务流程,提高工作效率;其次,导师能够针对学生的实际情况,提供个性化的职业发展建议,助力学生规划未来;最后,通过与导师的交流和学习,学生可以拓宽视野,提高职业素养,为未来的职业发展做好充分准备。为了满足学生对行业导师的需求,高校应与企业共同建立导师制度,明确导师的选拔标准和职责范围;同时,高校还应定期对导师进行培训和考核,确保他们能够提供高质量的指导服务。

第二节　就业心理辅导的内容与方法

一、就业心理辅导的重要性

(一)促进学生自我认知与定位

在求职的征途上,学生常常陷入一种迷茫的状态,对自己的内在特质、外在能力以及未来的职业偏好缺乏深入的理解。这种自我认知的模糊性不仅影响了他们的职业选择,还可能导致他们在未来的职场中感到不适应或失落。就业心理辅导在这一环节起了至关重要的作用。它运用心理学的方法和技巧,引导学生深入探索自己的内心世界,明确自己的兴趣所在、能力所长以及价值观所向。通过一系列的测试、评估和反思活动,学生能够更加清晰地认识到自己在哪些方面具有优势,在哪些方面仍需提升。这种自我认知的深化不仅帮助学生准确地进行自我定位,更为他们未来的职业规划提供了坚实的基石。当学生能够清晰地认识到自己的特点和目标时,他们就能更加明确地选择适合自己的职业方向和岗位,从而避免了盲目跟风或误入不适合自己的职业领域。

(二)缓解就业压力与焦虑

在当今竞争激烈的就业市场中,学生面临的压力与日俱增,他们不仅要应对来自同龄人的竞争,还要面对不断变化的市场需求和雇主期望。这种压力往往导致学生在求职过程中产生深深的焦虑感,甚至影响到他们的心理健康和生活质量。就业心理辅导在这一方面发挥了不可替代的作用。它提供专业的心理支持,帮助学生认识到压力与焦虑的根源,并教会他们如何应对这些负面情绪。通过引导学生进行放松训练、情绪调节以及积极心理暗示等技巧的学习和实践,就业心理辅导有效地帮助学生缓解了就业过程中的压力和焦虑。

更为重要的是,这种心理辅导不仅维护了学生的心理健康,还提升了他们的应对能力和抗压能力。学生在面对挑战时能够保持冷静、理智地分析问题并寻找解决方案。他们以更加积极、自信的态度面对就业市场的种种挑战,从而在激烈的竞争中脱颖而出,实现自己的职业梦想。

(三)提升求职技巧与成功率

在求职过程中,学生需要掌握一系列关键的求职技巧,这些技巧对于成功获得心仪的职位至关重要。简历撰写是求职的第一步,一份精心制作的简历能够迅速抓住招聘者的注意,突出个人的专业能力和实践经验。面试准备同样不可或缺,它要求学生能够自信、准确地回答各类问题,并展示自己的专业素养和解决问题的能力。此外,自我推销也是一种重要的技巧,它要求学生能够有效地传达自己的价值,使自己在众多求职者中脱颖而出。就业心理辅导在这一过程中扮演着关键的角色。它提供专业的指导和训练,帮助学生精细化地打磨简历,准备面试,并有效地自我推销。通过模拟面试场景、提供反馈和建议,以及教授有效的沟通技巧,就业心理辅导使学生能够在求职过程中更加自信、从容。

(四)助力学生长远职业规划

就业不仅仅是学生毕业后短期内的目标,更是他们未来职业生涯的重要起点,因此,进行一个长远的职业规划对于学生个人的职业发展至关重要。然而,许多学生在初入职场时往往缺乏明确的职业目标和规划,这可能导致他们在职业生涯中迷失方向,无法实现持续的职业成长。就业心理辅导在这一方面发挥着重要的作用。它通过引导学生深入思考和探索自己的职业兴趣、能力和发展方向,帮助学生明确自己的长远职业规划。辅导过程中,专业的职业咨询师会与学生一起分析行业趋势、职位发展前景以及个人职业成长的路径,从而制定出切实可行的职业目标和发展计划。通过这种辅导,学生能够更加清晰地认识到自己的职业定位和发展方向,避免在职业生涯中盲目跳槽或陷入职业迷茫;同时,明确的职业规划也能激励学生不断学习和提升自己的专业能力,为实现个人职业生涯的持续发展和成功奠定坚实的基础。

二、就业心理辅导的主要内容

(一)自我认知与定位

在求职过程中,学生需要深入了解自身的兴趣、价值观、能力和优势,从而更准确地定位自己在职场中的位置。这一过程的实现,离不开专业的辅导与指引。通过就业心理辅导,学生可以系统地探索自己的内心世界,明晰自己的职业倾向和发展潜力。在辅导过程中,借助心理测评工具、自我反思以及专业咨询师的引导,学生能够更全面地认识自己,包括自身的性格特点、价值观念、潜在能力以及优势领域。这种深入的自我剖析,有助于学生形成更为客观、全面的自我评价,进而在职业选择时做出更为明智的决策。同时,明确职业目标也是自我认知与定位的重要环节。在就业心理辅导中,学生将在专业咨询师的引导下,结合自身的兴趣和能力,以及市场需求和行业发展趋势,制定出切实可行的长期和短期职业规划,助力学生树立明确的职业方向,激发其内在动力,促使学生在未来的职场中持续进步,实现个人价值的最大化。

(二)情绪管理与压力应对

面对激烈的就业竞争和不断变化的工作环境,学生需要学会有效调节自身情绪,以积极、乐观的心态应对各种挑战和压力。就业心理辅导通过教授学生一系列情绪调节技巧,如深呼吸、放松训练等,帮助他们缓解就业过程中的焦虑和压力。这些技巧不仅简单易行,而且效果显著,能够帮助学生在短时间内平复情绪,恢复冷静和理智。除了具体的调节技巧,就业心理辅导还着重引导学生建立积极的心态。面对挫折和困难时,保持乐观和自信是克服障碍、实现自我突破的关键。通过案例分析、心理暗示等方法,学生将学会如何在逆境中保持坚韧不拔的精神,以更加成熟、稳健的姿态应对职场中的种种挑战。

(三)求职技巧提升

在求职过程中,掌握精湛的求职技巧对于成功获得心仪职位至关重要,撰写高质量的简历和求职信是展示个人特色和优势的关键环节。通过就业心理辅导,学生可以学习如何精准地总结自己的教育背景、实习经历和技能特长,从而在简历中有效地呈现自己的核心竞争力。同时,辅导还将指导学生如何撰写求职信,以真诚且专业的态度表达对职位的渴望和对公司的了解,进一步提升求职成功率。面试是求职过程中的另一个重要环节,它要求学生具备良好的言谈举止、灵活的问题回答能力和合理的薪资谈判技巧。就业心理辅导将通过模拟面试场景,帮助学生熟悉面试流程,掌握有效的回答策略,并学会如何在面试中展示自己的专业素养和实践经验。此外,辅导还将涉及薪资谈判的技巧,教导学生如何在保障自身权益的同时,展现出对行业的了解和职业规划的清晰度。

(四)团队协作与沟通能力培养

在现代职场中,团队协作与沟通能力已成为不可或缺的核心素养,就业心理辅导将通过多种实践活动,如团队项目和角色扮演等,着力提升学生的团队协作能力。学生将在模拟的团队协作环境中,学习如何与他人有效合作,共同解决问题,从而培养出强烈的团队责任感和协作精神。同时,有效的沟通技巧对于职场成功同样至关重要。就业心理辅导将重点培养学生的倾听、表达和反馈能力。通过倾听训练,学生将学会如何准确捕捉他人的观点和需求;通过表达训练,学生将能够清晰、有条理地阐述自己的观点和想法;而通过反馈训练,学生将掌握如何给予和接受建设性的意见,从而在职场中建立起良好的沟通机制。这些沟通技巧的提升,不仅有助于学生在求职过程中更好地展现自己,还能帮助他们在未来的职业生涯中建立良好的人际关系,实现个人与团队的共同发展。

三、就业心理辅导的方法

(一)个体咨询与辅导

在就业心理辅导的体系中,个体咨询与辅导占据着举足轻重的地位,这一服务形式专注于满足学生的个性化需求,通过一对一的深度对话和心理评估,致力于帮助学生解决就业过程中的心理困惑和问题。在个体咨询中,咨询师会运用专业的心理学知识和技术,结合学生的个人背景、性格特点和职业目标,进行全面的心理评估。这不仅包括对学生的兴趣、能力和价值观的探索,还涉及对学生潜在心理问题的识别与分析。通过这一过程,咨询师能够为学生量身定制一套符合其实际需求的辅导方案。辅导过程中,咨询师会采用多种方法和技术,如认知重构、情绪调节和行为训练等,以帮助学生克服就业过程中的心理障碍,提升自我认知水平和应对能力。同时,咨询师还会为学生提供持续的支持与反馈,鼓励他们在面对挑战时保持积极、自信的态度,从而实现顺利就业和职业生涯的良性发展。

(二)团体辅导与训练

团体辅导与训练是就业心理辅导中的另一个重要组成部分,与个体咨询相比,团体辅导更注重于通过团体互动和分享来提升学生的自我认知水平和求职技能。在团体辅导活动中,如职业规划工作坊、面试技巧训练营等,学生有机会与其他同龄人一起探讨职业发展的相关议题,分享彼此的经验和感受。这种互动式的学习环境不仅能够激发学生的学习兴趣和参与度,还能帮助他们在实践中加深对职业规划和求职技巧的理解与应用。此外,团体辅导还为学生提供了一个模拟职场环境的机会。在这个环境中,学生可以模拟面试、团队协作等实际工作场景,从而更好地了解职场文化,提升职业素养和适应能力,增强学生的求职竞争力,为他们在未来的职业生涯中奠定坚实的基础。

(三)实践体验与反思

在就业心理辅导的框架内,实践体验与反思构成了一个不可或缺的环节,鼓励学生积极参与实习、兼职等实践活动,不仅是为了让他们亲身体验职场环境,更是为了通过实践来深化对职业世界的理解,从而更精准地定位自己的职业方向。

实践体验的核心在于"身临其境"。通过置身于真实的职场环境中,学生有机会观察、学习和体验各种职业行为和工作流程,这种直观且深入的认知方式远胜于单纯的理论学习。同时,实践还能帮助学生检验自己的兴趣、能力和职业目标是否与实际职场需求相契合,从而及时调整自己的职业规划。然而,实践并非终点,而是新的起点。在实践之后,引导学生进行深入的反思和总结至关重要,这是一个将实践经验内化为个人职业智慧的过程。通过反思,学生可以提炼出实践中的经验教训,明确自己在职业技能、团队协作、问题解决等方面的优势和不足,进而为未来的职业生涯做好更充分的准备。

(四)网络辅导与资源共享

随着信息技术的迅猛发展,网络辅导与资源共享在就业心理辅导中扮演着越来越重要的角色。利用网络平台提供线上辅导服务,如职业规划课程、求职技巧视频教程等,不仅突破了时间和空间的限制,使得辅导资源更加易于获取和分享,还大大提高了辅导的效率和覆盖面。网络辅导的优势在于其灵活性和互动性。学生可以根据自己的时间和进度安排学习,还能通过在线讨论、问答等方式与辅导师或其他学生进行实时交流,共同解决学习中遇到的问题。这种个性化的学习方式有助于增强学生的学习兴趣和效果。此外,建立就业心理辅导资源共享库也是一项具有重要意义的工作。通过收集和整理各类学习材料和案例参考,如行业报告、职业测评工具、成功求职案例等,资源共享库为学生提供了一个丰富而多元的学习资源池。学生可以根据自己的需求和兴趣进行检索和学习,从而更全面地了解职业世界的各个方面,为未来的职业生涯奠定坚实的基础。

第三节　就业心理危机的干预与应对

一、就业心理危机的识别与评估

(一)危机信号的及时捕捉

在高校学生就业过程中,对危机信号的及时捕捉显得尤为重要,这是预防与应对就业心理危机的第一步。为了有效地捕捉这些危机信号,教师和辅导员等教育工作者需要拥有敏锐的观察力和扎实的专业知识。他们应当在日常接触中,密切关注学生的行为举止和情绪变化,从而及时识别出学生在就业准备阶段可能出现的异常情况。学生面临的就业压力可能引发一系列身心反应,这些反应往往是心理危机的早期信号。例如,持续的焦虑情绪、失眠症状、食欲缺乏等,都可能是学生在面对就业难题时产生的心理压力的体现。此外,学生在言谈举止中无意中流露出的对未来职业道路的迷茫和对未知生活的恐惧,也是不容忽视的危机信号。这些细微的变化,如果不被及时捕捉和关注,可能会逐渐演变为更严重的心理问题。因此,教育工作者需要时刻保持警惕,通过日常交流、课堂观察以及定期的心理测评等方式,全面了解学生的心理状况,及时发现并记录下这些可能的危机信号。

(二)危机程度的科学评估

在成功捕捉到危机信号后,对危机程度的科学评估成为下一步的关键任务,该评估过程需要借助标准化的评估工具和方法,如心理量表、临床访谈等,来全面、客观地了解学生的心理状态和危机的严重程度。评估工具的选择至关重要,应确保其具有良好的信度和效度,能够真实反映学生的心理状况。同时,评估过程应结合学生的具体情况,包括其个人背景、性格特点、学业成绩等,进行综合判断。此外,评估还应注重学生的主观感受,通过临床访谈等方式深入了解其内心的困惑和挣扎。科学评估的结果不仅有助于明确危机的性质和严重程度,更能为后续制定有效的干预策略提供重要依据。例如,对于轻度危机的学生,可能只需提供适当的心理辅导和支持;对于重度危机的学生,则可能需要更专业的心理咨询或治疗。

(三)危机原因的深入剖析

在对就业心理危机的程度和性质进行了识别和评估之后,深入剖析危机产生的原因便成了解决问题的关键。这一步骤涉及对学生个体因素、家庭环境、社会背景以及教育经历等多方面的综合分析。学生个体因素方面,可能包括自我认知的模糊、职业规划的不清晰、自我效能感的低下等。这些问题往往与学生的成长经历、性格特点以及自我价值观有关。家庭环境方面,家庭期望、父母的教育方式和态度等也可能对学生的就业心理产生影响。社会背景方面,就业市场的竞争压力、社会对于不同职业的认同度等因素也可能导致学生产生心理压力。通过深入剖析这些原因,可以更准确地找到引发学生就业心理危机的根源。这不仅有助于理解学生的心理状态,更能为有针对性地开展心理辅导和干预工作提供重要依据。例如,对于自我认知模糊的学生,可以通过职业测评和个性分析帮助其明确自己的兴趣和优势；对于家庭期望过高的学生，则可以通过家庭咨询等方式协调家庭关系，减轻学生的心理负担。

二、专业心理辅导的介入与支持

（一）个性化辅导方案的制定

在高校学生面临就业选择的关键时刻，针对每位学生的独特心理状况和就业困境，制定一套个性化的辅导方案显得尤为重要。该方案的制定，必须建立在对学生个人背景的深入了解之上，包括但不限于其性格特点、兴趣爱好以及明确的职业目标。这样的了解，为量身打造合适的心理辅导计划提供了坚实的基础。个性化辅导方案的核心在于其针对性和全面性。它不仅要关注学生短期内面临的具体问题和辅导目标，更要从长远的职业规划角度出发，为学生提供具有前瞻性的建议。这意味着，辅导方案需要同时满足学生当前的心理需求和未来的职业发展要求。实现这一目标，需要综合运用多种方法和技术。例如，通过心理测评工具来深入了解学生的性格特点和潜在能力；通过职业兴趣测试来明确学生的职业倾向和发展方向；还可以结合市场需求和行业趋势，为学生提供更为实际和可行的职业规划建议。

（二）辅导过程中的技巧与策略

在进行专业心理辅导的过程中，辅导师所掌握的技巧和策略对于辅导效果具有至关重要的影响。建立信任关系是首要任务，这要求辅导师具备真诚、同理心和专业性，以使学生愿意敞开心扉，分享自己在就业过程中遇到的困惑和挑战。引导式提问是一种有效的辅导技巧，它能够帮助学生自我探索，激发其内在的思考和解决问题的能力。通过这种方法，学生可以更深入地了解自己的需求、价值观和职业目标，从而做出更为明智的决策。此外，教授情绪调节方法也是辅导过程中的重要环节。面对就业的压力和焦虑，学生需要学会如何有效地管理和调节自己的情绪。辅导师可以通过认知重构、放松训练等方式，帮助学生建立积极的情绪应对机制，从而更好地应对就业过程中的各种挑战。

（三）辅导效果的评估与反馈

专业心理辅导结束后，对辅导效果进行全面、客观的评估环节旨在及时了解学生在心理状态、就业准备以及职业规划等方面的改进情况，从而为后续的辅导工作提供有力的依据。评估过程中，应综合运用多种方法，包括心理测评、学生自评以及辅导师的观察记录等，以确保评估结果的准确性和可靠性。

同时,收集学生的反馈意见也是评估过程中不可或缺的一部分。学生的反馈不仅可以帮助辅导师了解辅导过程中的问题和不足,还能为辅导方案的优化提供宝贵的建议。此外,评估和反馈机制的建立还有助于确保心理辅导的质量和效果。通过对辅导效果的持续跟踪和评估,辅导师可以及时调整辅导策略和方法,以更好地满足学生的需求。动态调整的辅导模式不仅能够提升辅导的针对性和实效性,还能为学生在就业过程中提供更为全面和深入的支持。

三、就业指导与职业规划的整合

(一)就业指导的全程融入

在高校教育体系中,就业指导的全程融入对于提升学生的就业能力和职业素养具有显著意义,理念强调从学生入学之初到毕业求职的整个过程,都要贯穿就业指导的思想和实践。通过早期的职业启蒙教育,帮助学生建立正确的职业观念,明确未来的职业发展方向;中期的专业技能提升和职业素养培养,则旨在增强学生的核心竞争力,使其更好地适应职场需求;到了后期的求职技巧训练和职业心理辅导,更是为了让学生在激烈的就业竞争中脱颖而出,顺利实现从学生到职场人的角色转变。全程化的就业指导不仅要求高校建立完善的就业指导体系,提供丰富多样的指导服务,还要求指导教师具备深厚的专业知识和敏锐的市场洞察力,能够根据学生的个体差异和市场需求,提供精准有效的指导建议。

(二)职业规划的个性定制

对于高校学生而言,职业规划的个性定制显得尤为重要。每个学生都拥有独特的成长背景、性格特点、兴趣爱好和价值观念,这些因素共同构成了他们的个体差异。因此,在进行职业规划时,必须充分考虑学生的这些个性特征,为其设计出符合个人发展需求的职业规划方案。实现职业规划的个性定制,需要职业规划师具备深厚的专业素养和丰富的实践经验。他们应通过深入的沟通和评估,全面了解学生的个人情况,包括其成长经历、性格特质、职业兴趣等。在此基础上,结合市场动态和行业发展趋势,为学生量身定制出既符合个人兴趣又具备发展潜力的职业规划方案。

(三)就业指导与职业规划的互动强化

在高校学生的就业准备过程中,就业指导与职业规划是两个紧密相连、互为补充的重要环节。二者之间的互动强化,对于提升学生的就业质量和职业发展水平具有至关重要的作用。就业指导应以学生的职业规划为基础,确保求职过程中的每一步都紧扣学生的职业目标和发展方向。这要求就业指导教师深入了解学生的职业规划，为其提供针对性的求职策略和建议，帮助学生更加高效地找到适合自己的工作岗位。同时，职业规划也应在就业指导的实践中不断调整和完善。通过求职过程中的实际体验，学生可能会发现自己的职业规划存在某些不切实际或需要改进的地方。这时，职业规划师应及时给予反馈和指导，帮助学生调整规划方案，使其更加符合就业市场的实际需求和个人的发展期望。

四、建立长效机制与跟踪反馈

（一）长效机制的构建要素

可持续性要求高校在设立就业心理辅导机构时，必须考虑到服务的连续性和长期性，这意味着不仅要有专门的机构和经验丰富的专业团队来提供持续的服务，还需要有科学合理的预算和计划来保障资源的充足投入。只有这样，才能确保长效机制能够在各种环境和情况下稳定运行，为高校学生提供不间断的就业心理支持。系统性则强调整个辅导机制的全面性和协调性。除了提供直接的辅导服务外，还需要有完善的规章制度和工作流程来保障服务的规范化和标准化。这样，无论是对于需要辅导的学生，还是提供服务的辅导师，都能有一个明确和统一的指导和参考，从而提高整个辅导机制的效率和效果。专业性则是长效机制构建中不可或缺的一环。它要求辅导团队不仅具备丰富的实践经验和深厚的专业知识，还需要不断学习和更新自己的知识和技能，以适应不断变化的就业市场和学生的心理需求。

（二）跟踪反馈的实施策略

跟踪反馈机制在高校学生就业心理辅导中占据着举足轻重的地位，其实施策略尤为关键，首要之务在于数据的全面与精准收集。通过定期的调查问卷、深入的个案追踪以及科学的量化分析，能够全方位地了解学生的就业心理状态及辅导成效。这些数据不仅揭示了辅导工作的实际效果，更为后续的改进提供了有力的依据。同时，建立起一个畅通有效的反馈渠道也至关重要。应鼓励学生主动提出宝贵的意见和建议，这样既能及时发现问题，又能确保辅导工作始终与学生的实际需求紧密相连。而为了满足不同学生的个性化需求，跟踪反馈还需注重个体差异的考量。针对每位学生的独特情况和特点，应提供量身定制的反馈与指导，从而确保辅导的精准与高效。

（三）长效机制与跟踪反馈的互动促进

在高校学生就业心理辅导体系中，长效机制和跟踪反馈机制之间存在着紧密的互动关系，二者相互依存、相互促进，共同推动着辅导工作的深入发展。长效机制作为整个辅导体系的基石，为跟踪反馈提供了稳定的制度环境和资源保障。其通过设置专门的就业心理辅导机构、配备经验丰富的专业团队、制定科学合理的预算计划等手段，确保了跟踪反馈工作的持续性和稳定性。这不仅为实时数据的收集和分析提供了可能，更为反馈机制的长期运行奠定了坚实基础。与此同时，跟踪反馈机制则以其灵活性和针对性，为长效机制的优化和完善提供了科学依据。通过定期的调查问卷、个案追踪等方式，跟踪反馈能够实时捕捉学生的就业心理状态和辅导效果，进而揭示出长效机制在运行过程中存在的问题和不足。由此可见，长效机制和跟踪反馈在高校学生就业心理辅导中形成了良性的互动循环，二者相互补充、相互促进，共同推动着高校学生就业心理辅导工作的不断完善和发展。

五、培养学生自我调适与应对能力

（一）自我认知能力的提升途径

自我认知作为个体对内心世界与外在经历深刻理解的过程，是心理成长的基石，在培育学生自我调适与综合应对能力的过程中，提升自我认知能力显得尤为重要。为了实现这一目标，鼓励学生积极参与心理测评活动不失为一种有效方法。通过科学量表的测量，学生能够更加客观地了解自己的性格特质、情绪状态以及潜在能力倾向。同时，反思日记的撰写也是促进学生自我觉察的重要手段。在日记中，学生可以记录自己的所思所感，反思行为模式，进而增进对自我价值观和人生目标的认知。此外，开设自我探索与成长的课程对于引导学生全面审视自我具有积极意义。在这类课程中，教师可以通过案例分析、小组讨论等教学方法，帮助学生梳理成长经历，明确个人优势与不足。更重要的是，为学生提供丰富的实践机会，让他们在团队合作、社会服务等活动中不断挑战自我、认识自我。

（二）情绪管理与调节技巧的培养方法

情绪管理在个体心理健康维护中占据着举足轻重的地位，它关乎个体如何有效应对生活压力、保持内心平衡。在培养学生情绪管理能力时，首要任务是教授他们如何准确识别并接纳自身情绪。这包括了解情绪的种类、表现形式以及背后的深层需求和动机。通过情绪觉察训练，学生可以更加敏锐地捕捉到自己的情绪波动，从而为后续的调节打下基础。在情绪调节方面，一系列实用的技巧和方法显得尤为重要。例如，深呼吸和放松训练可以帮助学生在紧张或焦虑时迅速平复情绪；积极心理暗示则有助于学生在面对挑战时保持乐观态度。此外,建立稳固的社会支持系统也是情绪管理中不可或缺的一环。学生应学会向亲朋好友或专业人士倾诉心事、寻求帮助,以共同应对情绪困扰。通过这些系统化的培养方法,学生可以逐步掌握情绪管理的核心技能,从而更好地应对生活中的各种挑战。

(三)应对挫折与困难的心态建设举措

为了培育学生积极应对挫折的心态,教育工作者需要采取一系列针对性的举措。首要之务是引导学生树立正确的挫折观念。通过课堂讲解、案例分析等方式,学生认识到挫折是成长过程中不可避免的一部分,也是锻炼意志、提升能力的宝贵机会。这种观念的树立有助于学生从心态上接纳并正视挫折。进一步地,通过情境模拟、角色扮演等体验式教学活动,让学生在相对安全的环境中感受挫折带来的压力与挑战。在这些活动中,学生可以学会如何调整心态、保持冷静,并尝试运用所学策略积极应对。同时,教育工作者还应强调目标设定与达成的重要性,鼓励学生根据自身情况设定合理且具体的目标,并制订切实可行的行动计划,当遭遇困难时,提醒学生及时回顾目标、分析现状,从而调整策略并寻求外部支持。

第八章　高校创新就业教育的质量保障

第一节　质量保障体系构建的原则与目标

一、质量保障体系构建的原则

（一）全面性原则

在构建高校创新就业教育质量保障体系时，全面性原则要求质量保障工作必须全面覆盖创新就业教育的所有关键环节，不可有所遗漏。具体而言，教学内容、教学方法、实践环节以及学生评估等，均应纳入质量监控的范畴之内。这是因为，每一个环节都直接关系着最终的教育质量，任何一处的疏漏都可能对整体效果产生不良影响。实施全面性原则的重点在于，建立起一套完备的监控指标体系。这套体系需要从课程设计出发，延伸至教学实施、学生实践，直至最终的学生反馈。每一个环节都应有明确的质量标准与之对应，同时配备科学有效的评估方法。例如，在课程设计环节，应关注课程内容的创新性、实用性以及与市场需求的契合度；在教学实施环节，则应注重教学方法的灵活性、互动性以及对学生学习兴趣的激发能力。

（二）系统性原则

系统性原则是构建高校创新就业教育质量保障体系的另一重要支柱，强调质量保障体系应作为一个有机整体来设计和运作，各组成部分之间应相互支持、协调一致，共同服务于提升教育质量这一核心目标。在实施系统性原则时，关键在于构建一个从课程设计到评估反馈的完整闭环体系。这个体系不仅要涵盖创新就业教育的所有关键环节，还要确保各个环节之间能够紧密衔接、协同工作。例如，课程设计应与教学方法相匹配，以确保教学内容能够得到有效传递；教学方法则应与实践环节相衔接，以便学生在实践中巩固和拓展所学知识；而实践环节又应与学生评估相联系，以便及时获取学生的反馈意见，为后续的课程优化提供依据。通过这样系统性的设计与运作，质量保障体系能够形成一个自我完善、持续改进的良性循环，不仅有助于提升教育质量的整体水平，还能够更好地适应外部环境的变化和学生需求的多样化。

（三）可操作性原则

可操作性原则是构建高校创新就业教育质量保障体系的关键要素，强调质量保障体系的构建应注重具体、明确的操作性和可执行性，以便相关人员能够准确理解和有效执行各项质量保障措施。这一原则旨在确保质量保障体系的实施过程具备清晰明确的指导，从而提高整个体系的运行效率和效果。在实施可操作性原则时，应制定详细的操作指南和评估标准。操作指南能够为相关人员提供具体的操作步骤和方法，确保他们明确自己的职责和任务。评估标准则用于衡量和评估各项质量保障措施的执行情况和效果，以便及时发现问题并进行改进。此外，提供必要的培训和支持也是确保可操作性原则得以有效实施的重要环节。通过培训，相关人员可以更好地理解和掌握质量保障体系的要求和操作方法；支持则包括技术、资源和人力等方面的保障，以确保质量保障体系的顺利运行。

二、质量保障体系构建的目标

（一）提升教育教学质量

提升教育教学质量是构建高校创新就业教育质量保障体系的首要目标，其核心在于通过系统性的策略和方法，全面提高高校在创新就业教育领域的整体教学水平，从而确保每一位学生都能获得高质量的教育资源和丰富的实践经验。在实施策略上，优化课程设置是至关重要的一步。高校应紧密结合行业发展趋势和市场需求，对现有的课程体系进行全面梳理和更新。通过引入前沿的学科知识、跨学科的课程模块以及创新性的实践项目，构建起一个既注重理论深度又兼顾实践应用的课程体系。同时，引进先进的教学方法和技术也是不可或缺的一环。高校应积极探索并应用在线教育、混合式教学、项目式学习等新型教学模式，以激发学生的学习兴趣，增强他们的学习效果。此外，加强师资队伍建设更是提升教学质量的关键所在。高校应加大对教师的培训和引进力度，努力打造一支既具备深厚学术素养又拥有丰富实践经验的教师队伍，从而为提升教学质量提供坚实的人才保障。

（二）提高学生就业率和就业质量

在构建高校创新就业教育质量保障体系的过程中，提高学生就业率和就业质量是另一个重要目标，该目标旨在通过针对性的教育和培训，全面提升学生的就业竞争力和职业素养，进而帮助他们在激烈的就业市场中脱颖而出，实现高质量就业。为实现这一目标，加强与企业和行业的合作显得尤为重要。

高校应积极寻求与各类企业和行业的深度合作,共同搭建实习实训平台,为学生提供更多贴近实际工作岗位的实践机会。通过与企业的紧密合作,学生不仅能够深入了解行业的最新动态和实际需求,还能在实习实训过程中积累宝贵的实践经验,提升自身的职业技能和团队协作能力。同时,高校还应根据市场需求和学生特点,制定个性化的职业规划和就业指导方案,帮助学生明确职业目标,提升求职技巧,从而顺利实现高质量就业。

(三)促进学生全面发展

促进学生全面发展,是高校创新就业教育质量保障体系的重要目标之一,该目标的本质,是在确保专业教育质量的基础上,进一步关注学生的多维度成长,包括但不限于创新思维、团队协作能力、社会责任感等关键素质的培养。这种全面发展的教育理念,旨在塑造既具备专业技能,又拥有广泛视野和深厚人文素养的复合型人才。在实施策略上,提供多样化的课外活动和社会实践机会显得尤为重要。高校应设计并组织一系列丰富多彩的课外活动,如学术讲座、文化沙龙、体育竞赛等,以满足学生不同层面的发展需求。同时,社会实践也是促进学生全面发展的重要途径。通过参与志愿服务、社会调研等活动,学生可以更深入地了解社会现实,增强社会责任感。此外,鼓励学生参与科研项目和创新创业活动,不仅能够锻炼学生的实践能力和创新思维,还有助于培养他们的团队协作精神和领导力。

(四)建立持续改进机制

建立持续改进机制,是确保高校创新就业教育质量保障体系不断适应时代需求、持续提升教育质量的关键环节。该目标强调质量保障体系的动态性和前瞻性,要求高校能够不断自我反思、自我完善,以实现教育质量的持续优化。在实施策略上,定期开展教育质量评估和学生满意度调查是基础性工作。通过定期评估,高校可以全面了解教育教学的实际效果,发现存在的问题和不足。同时,学生满意度调查则能够从学生的角度揭示教育服务的真实状况,为改进工作提供有力的依据。收集并分析这些反馈意见后,高校应及时进行针对性的改进,包括但不限于调整课程设置、优化教学方法、提升服务质量等。

三、质量保障体系的实施路径

(一)顶层设计与战略规划

1. 明确质量保障理念

确立以学生为中心,以结果为导向的教育质量保障理念,是构建现代高等教育质量保障体系的基石。这一理念强调,高校的一切教育活动均应围绕学生的全面发展展开,注重培养学生的批判性思维、创新能力、实践技能以及终身学习能力。同时,以结果为导向则要求高校明确教育目标,关注教育过程的最终产出,即学生的学业成就和职业发展状况,以此作为衡量教育质量的重要依据。通过贯彻这一理念,高校能够更有效地配置教育资源,优化教育过程,从而提升整体教育质量,满足社会对高素质人才的需求。

2. 制定中长期发展规划

制定创新就业教育的中长期发展规划,对于高校实现可持续发展具有重要意义,规划应结合高校自身的办学特色、学科优势以及地域文化背景,明确未来一段时间内创新就业教育的发展目标、重点任务和保障措施。通过科学规划,高校能够有针对性地加强师资队伍建设、完善课程体系、优化实践教学环节,从而提升创新就业教育的整体实力。同时,规划还应注重与国家及地方经济社会发展需求的对接,确保高校培养的人才能够满足社会进步和产业升级的需要。

3. 完善组织架构与运行机制

完善组织架构与运行机制是确保高校质量保障工作有效实施的关键环节,高校应成立专门的质量保障机构,负责全面统筹和协调校内外的质量保障活动。该机构应具备明确的职责分工和高效的工作流程,能够迅速响应教育质量监控和评估的需求,为高校管理层提供决策支持。此外,建立跨部门协同工作的机制也至关重要。通过加强教务、学工、科研等部门之间的沟通与协作,高校能够打破条块分割,形成合力,共同推动教育质量的持续提升;同时,高校还应积极与外部质量保障机构建立合作关系,借鉴国际先进经验,不断提升自身质量保障工作的专业性和国际化水平。

(二)教学资源建设与优化

1. 加强师资队伍建设

加强师资队伍建设是提升高校创新就业教育质量的关键举措,为了实现这一目标,高校应积极引进和培养一批具有创新精神和实践经验的优秀教师。这些教师应具备深厚的学术造诣和丰富的教学经验,能够引导学生发现问题、解决问题,并激发他们的创新思维。同时,提高教师的教学水平和科研能力也至关重要。高校可以通过定期举办教师培训、学术交流等活动,帮助教师更新教育观念,掌握先进的教学方法和科研技能。此外,建立健全教师激励机制也是必不可少的。通过设立教学奖励、科研资助等项目,鼓励教师积极参与创新就业教育的改革与实践,为高校培养出更多优秀人才。

2. 优化课程设置与教学内容

优化课程设置与教学内容是提升高校创新就业教育质量的另一个重要方面,根据行业需求和学生发展需要,高校应不断调整和优化课程设置,确保课程内容与时俱进,满足社会发展的需要。在更新教学内容时,应突出创新性和实用性,注重培养学生的创新思维和实践能力。同时,加强课程之间的衔接与整合也是关键。通过形成模块化、系统化的课程体系,帮助学生构建完整的知识结构,提升他们的综合素质。这些举措将有助于高校培养出更多具备创新精神和实践能力的人才,为社会发展做出积极贡献。

3. 提升实践教学水平

实践教学是培养学生实际操作能力和创新精神的重要环节,为了提升实践教学水平,高校应加强校内外实践教学基地建设,与相关行业和企业建立紧密的合作关系,为学生提供更多优质的实践机会和平台。这些实践基地应具备良好的设施条件和专业的指导人员,能够确保学生在实践过程中获得有效的指导和帮助。同时,完善实践教学的管理制度和考核机制也是至关重要的。高校应制订明确的实践教学计划和要求,并建立科学的评价体系,对学生的实践成果进行客观、公正的评估。通过这些措施的实施,可以确保实践教学的质量和效果,进而提升学生的实践能力和创新精神。

第二节 教学质量监控与评估机制

一、教学质量监控体系构建

(一)监控体系框架设计

1. 教学目标与标准设定

在构建教学质量监控体系时,教学目标与标准的设定显得尤为重要,不仅是整个监控体系的基石,更是确保教学活动有序、高效进行的关键。明确的教学目标能够指导教师有针对性地开展教学活动,也为学生提供了清晰的学习方向。这些目标应涵盖知识掌握、技能提升和素质培养等多个方面,以全面反映教育的多维要求。而科学的教学质量评估标准,则是衡量教学活动是否达到预期目标的重要尺度。通过设定细致、可量化的评估指标,能够客观、准确地反映教学过程的实际效果,从而为教学改进提供有力依据。

2. 教学过程实时监控

教学过程实时监控是教学质量监控体系中的核心环节,对于及时发现问题、调整教学策略具有至关重要的作用。通过建立完善的课堂教学观摩机制,能够对教师的教学态度、教学方法以及教学效果进行全方位的评估。这种实时监控不仅有助于发现教师在教学中的不足之处,更能促使其在不断反思与改进中提升教学水平。同时,学生的学习反馈也是实时监控的重要组成部分。通过收集并分析学生的反馈意见,能够更准确地把握学生的学习需求,从而及时调整教学内容和方法,以满足不同学生的个性化学习要求。

3. 学生学习进度跟踪

学生学习进度跟踪是教学质量监控体系中不可或缺的一环,对于确保每位学生都能按照既定目标顺利发展具有重要意义。通过建立详尽的学生档案,能够全面记录学生的学习过程、成绩变化以及进步情况。这些数据不仅为教师提供了丰富的教学反馈信息,更能帮助其及时发现学生的学习问题,从而提供有针对性的辅导和支持。对于学习进度滞后的学生,教师可以通过个性化的教学计划和辅导策略,帮助其逐步缩小与他人的差距;而对于学习进度超前的学生,教师则可以提供更多的拓展性学习资源和挑战性任务,以满足其更高层次的学习需求。

(二)监控体系实施保障

1. 制度建设与执行

在教学质量监控体系的实施过程中,制度建设发挥着至关重要的作用,一套完善的教学质量监控管理制度应涵盖监控流程、评估标准以及奖惩措施等多个方面。具体而言,监控流程需明确各个环节的操作步骤和责任人,确保监控工作的有序进行;评估标准则需科学设定,以便客观、公正地评价教学质量;奖惩措施则旨在激励教师积极参与教学质量改进,并对不符合标准的教学行为进行惩戒。通过严格执行这一制度,可以确保监控工作的规范性和公正性,从而为教学质量的持续改进提供有力的制度保障。

2. 信息化技术支持

在当今信息化时代,充分利用信息化技术支持是提升教学质量监控体系效能的关键,借助先进的教学管理信息系统,可以实现对教学过程和学生学习数据的实时采集、分析和处理。例如,通过大数据分析技术,可以深入挖掘学生的学习行为模式,及时发现教学中的问题,为教学改进提供科学依据。此外,采用在线教学平台等远程监控手段,可以拓宽监控范围,提高监控效率,这些平台不仅能够实时记录学生的学习进度和反馈,还能为教师提供丰富的教学资源和互动工具,从而增强教学的灵活性和针对性。

二、教学效果评估方法

（一）定性评估方法

1. 学生评教

学生评教作为教学效果评估的重要组成部分，其直观性和重要性不容忽视，通过组织学生对教师的教学态度、教学方法以及教学内容等方面进行全面而深入的评价，可以收集到大量关于教学的直接反馈信息。这些信息对于教师了解自身教学情况，发现教学问题，进而改进教学策略具有极高的参考价值。为确保评教结果的客观性和有效性，应精心设计评教问卷，确保问题设置的科学性和合理性，以便能够真实反映学生的意见和看法。同时，应引导学生以负责任的态度参与评教活动，确保他们能够提供真实、客观的评价信息。此外，学校应定期组织学生进行评教，以便及时发现问题并进行针对性的改进，从而不断提升教学质量，满足学生的学习需求。

2. 同行评议与专家评审

在教学效果评估中，同行评议与专家评审以其专业性而备受推崇，邀请具有丰富教学经验和深厚学术背景的同行教师进行教学观摩，并对教学过程、教学方法等关键要素进行细致入微的评议，可以从专业视角揭示教学中的优点与不足。同行教师所提出的宝贵建议和意见，往往能够激发教师的教学灵感，推动其进行教学创新。与此同时，组织专家对教学进行定期评审，则可以从更高的层次和更宽广的视野对教学质量进行全面把控。专家们凭借其深厚的学术造诣和丰富的教学经验，能够准确识别教学中的关键问题，提出具有针对性的改进建议。这两种方法相互补充、相得益彰，共同构成了教学效果评估的坚实基石，为教师之间的交流与成长搭建了广阔的平台。

（二）定量评估方法

1. 考试成绩分析

考试成绩分析在教学效果评估中占据着举足轻重的地位，它是衡量学生学习效果的关键指标，同时也是评估教师教学效果的重要依据。通过对学生的考试成绩进行深入细致的统计分析，可以系统了解学生对课程知识的掌握程度及其学习效果。具体而言，考试成绩不仅反映了学生的知识储备和应用能力，更揭示了教师在教学过程中的成效与不足。通过纵向对比不同时间段的考试成绩，可以追踪学生的学习进步情况，进而评估教师的教学策略和方法的有效性；同时，横向对比不同班级或学生的成绩，则有助于识别教学中的共性问题与个体差异，为教师提供针对性的改进建议。

2. 教学满意度调查

教学满意度调查作为一种有效的评估工具，对于全面了解学生对教学的整体感受具有重要意义。通过向学生发放精心设计的教学满意度问卷，可以系统地收集学生对教学内容、教学方法以及教学环境等多个方面的满意度数据。这些数据不仅直观反映了学生对当前教学的整体评价，更为学校管理层提供了宝贵的反馈信息，有助于其全面了解教学工作的实际成效与存在的问题。同时，教学满意度调查的结果还可以作为改进教学策略和方法的重要参考依据。学校可根据调查数据所揭示的学生需求和期望，对教学内容进行优化调整，对教学方法进行创新改进，以更好地满足学生的学习需求。此外，这种调查方式还能够真实反映学生的声音，有效促进学校与学生之间的沟通与互动，进一步提升教学质量和学生的学习体验。

三、教学过程的持续改进策略

（一）教学问题诊断与分析

1. 定期总结教学经验与问题

定期总结教学经验与问题涉及对教学活动的深度反思和全面梳理，旨在发现教学实践中的优点与不足，从而为后续的教学改进提供有力支持。通过系统地回顾和分析过往的教学案例，教师可以提炼出成功的教学策略，并识别出那些可能导致教学效果不佳的问题点。这种定期总结不仅有助于教师个人的专业成长，更能为教学团队的协作与进步奠定基础。在总结过程中，教师应保持客观和批判性的态度，勇于面对并改进自身的教学方法，以期在未来的教学实践中取得更好的效果。

2. 学生学习情况反馈与分析

学生学习情况的反馈与分析是教学问题诊断与分析中不可或缺的一部分，通过收集学生对教学过程的直接反馈，教师可以更准确地了解学生的学习需求和偏好，以及他们在学习过程中遇到的困难和挑战。这种反馈机制不仅有助于教师及时调整教学策略，以满足不同学生的学习需求，还能为教学评价提供重要依据。在分析学生学习情况时，教师应综合运用定量和定性方法，全面评估学生的学习效果，并据此反思和改进自身的教学方法。通过持续的反馈与分析，教师可以更有效地促进学生的学习进步，也不断提升自身的教学水平。

（二）教学改进措施制定与实施

1. 制订针对性的教学改进计划

制订针对性的教学改进计划需要基于对教学问题的深入分析和准确诊断，结合学生的学习需求和教学目标，明确改进的具体方向和措施。计划应涵盖教学内容的优化、教学方法的创新以及教学评价体系的完善等方面，确保每一项改进措施都紧扣教学实际，具有可操作性和实效性。同时，计划的制订还需充分考虑教学资源的合理配置和教学环境的改善，为教学改进提供必要的支持和保障。通过实施这一针对性的改进计划，旨在有效增强教学效果，促进学生的全面发展。

2. 加强教师培训与能力提升

加强教师培训与能力提升需要不断更新教育理念，掌握先进的教学方法和技能，以适应新时代的教育需求。通过定期组织专业培训、研讨会和交流活动，可以帮助教师深入了解教育教学的前沿动态，提升他们的专业素养和教学能力；同时，鼓励教师积极参与教学研究和实践探索，培养他们的创新意识和实践能力；此外，建立完善的激励机制和评价体系，激发教师自我提升的内在动力，形成积极向上的教师文化氛围。

（三）改进效果评估与反馈机制建立

1. 对改进措施进行定期评估与调整

在教学改进实施过程中，应设定明确的评估标准，采用科学的评估方法，定期对各项改进措施的执行情况和实际效果进行全面评估。通过收集和分析相关数据，可以客观判断改进措施是否达到了预期目标，是否真正提升了教学质量；同时，评估结果还能为后续的调整提供有力依据，帮助决策者及时发现问题、总结经验，并根据实际情况对改进措施进行优化和调整。

2. 建立长效的教学反馈机制

建立长效的教学反馈机制对于持续改进教学质量具有重要意义，教学反馈是连接教师与学生、教学与管理的重要桥梁，通过有效的反馈机制，可以及时了解学生的学习情况、教师的教学效果以及教学管理中存在的问题。为此，应构建一个多元化、全方位的反馈渠道，鼓励学生、教师和管理者积极参与教学反馈活动；同时，还需建立完善的反馈信息处理和分析系统，确保反馈信息的准确性、及时性和有效性。通过长效的教学反馈机制，可以持续跟踪教学改进的实施效果，及时发现并解决问题，从而推动教学质量进入一个良性循环的发展轨道。

四、教学质量信息反馈与处理机制

（一）教学质量信息的多渠道收集

为了确保教学质量信息的全面性和准确性，构建多渠道的信息收集机制显得尤为重要，该机制涵盖了多种评价方式与数据来源，从而能够更全面地揭示教学的真实状况。通过定期组织学生评教，可以深入了解学生对教师教学态度、教学方法及内容的直观感受与评价，这是衡量教学质量的重要参考。同时，教师自评也是不可或缺的一环，它有助于教师反思自身教学实践，发现存在的问题并寻求改进之道。此外，同行评议能够从专业角度提供对教学的深入分析与建议，而专家评审则能从更高层次对教学质量进行把控。除了这些传统的评价方式，现代化的教学管理系统也发挥着重要作用。这类系统能够实时跟踪和记录学生的学习进度与成绩变化，不仅为学生提供了个性化的学习路径，也为教师提供了宝贵的教学反馈信息，有助于教师根据学生的实际情况调整教学策略。

（二）信息反馈的及时性与有效性保障

在教学质量管理中，信息反馈的及时性和有效性至关重要，为了实现这一目标，必须建立快速响应的信息反馈机制。这意味着一旦收集到教学质量信息，相关部门和人员应立即对其进行处理和分析，以确保问题能够及时被发现并解决。同时，反馈信息的传递过程也必须严谨，确保信息的准确无误，避免因信息传递失误而导致的误解或误导。此外，对信息反馈机制的定期评估和调整也是必不可少的。随着教学环境的变化和教学方法的更新，信息反馈机制也需要相应地进行调整和优化，以确保其始终能够与教学工作的实际需求保持同步。通过这种方式，可以确保教学质量信息反馈机制的持续有效性和适应性，从而为教学质量的持续改进提供有力的支持。

（三）教学质量问题的分析与处理

针对收集到的教学质量信息，进行深入的分析和处理是提升教学质量的关键环节，此过程需要对教学质量问题进行精准的诊断，透过表面现象看本质，准确识别问题的核心所在。通过综合运用定性与定量分析方法，可以系统地剖析问题的成因、影响因素及其潜在后果，从而为问题的有效解决提供科学依据。在分析的基础上，提出切实可行的解决方案是问题的关键。这些方案应既立足于当前教学的实际情况，又具有前瞻性和创新性，能够有效应对教学质量面临的挑战。同时，建立教学质量问题的跟踪和监控机制也至关重要。

通过持续的跟踪和监控，可以确保问题得到及时有效的解决，防止问题的扩大和蔓延；此外，对解决效果的持续评估能够检验解决方案的实效性和可行性，为后续的教学质量改进提供有益的参考和借鉴。

（四）教学质量信息反馈与处理机制的持续优化

教学质量信息反馈与处理机制是一个动态演进的系统，需要不断地进行优化和完善以适应教育环境的变化。定期对机制的运行情况进行全面评估是确保其持续有效性的基础。通过评估，可以及时发现机制在运行过程中存在的问题和不足，为后续的改进提供明确的方向。同时，对机制的反思也是必不可少的环节。通过深入反思机制的设计理念、运作流程和实施效果，可以揭示出机制内在的优势和局限性，为机制的创新提供有力的支撑。在借鉴和吸收国内外先进的教学质量管理理念和方法方面，应保持开放和包容的态度。通过不断引入新的理念和方法，可以激发机制的创新活力，推动教学质量信息反馈与处理机制向更高水平发展。

第三节　就业质量跟踪与反馈机制

一、就业质量跟踪的重要性

（一）评估教育成果

就业质量跟踪作为评估高校教育成果的重要手段，其意义不仅在于衡量毕业生的就业率，更在于深入探究教育教学与实际就业之间的内在联系。通过系统地追踪毕业生的就业情况，包括他们的就业稳定性、职业适应性以及发展潜力等多个维度，高校能够获取到更为全面、真实的教育效果反馈。这种评估方式有助于高校从传统的以知识传授为中心的教育模式，向更加注重学生能力培养和职业发展的现代教育模式转变。具体而言，通过对毕业生就业岗位与所学专业的相关度进行分析，高校可以了解专业设置的合理性和课程内容的实用性，从而及时调整教学计划和课程设置，以更好地满足社会和市场的需求。同时，对毕业生职业发展路径的追踪，也有助于高校发现教育教学中的短板和不足，进而针对性地改进教学方法和提升教育质量。

（二）市场需求洞察

在快速变化的市场环境中，高校必须具备敏锐的市场洞察力，才能及时调整教育策略，培养出符合社会需求的高素质人才。毕业生的就业质量跟踪，正是高校洞察市场需求的重要途径之一。通过对毕业生就业行业分布、岗位需求变化等数据的深入分析，高校能够把握各行业对人才的知识结构、技能水平和综合素质等方面的要求，从而预测未来一段时间内的人才需求趋势。这种基于实际就业数据的市场需求洞察，不仅能够帮助高校及时调整专业设置，优化人才培养方案，还能够引导高校加强与行业、企业的合作与交流，共同推动人才培养质量的提升。更重要的是，通过对市场需求的准确把握，高校可以更有针对性地开展创新创业教育，培养学生的创新意识和创业能力，以适应新时代经济社会发展的需求。

（三）优化教育策略

就业质量跟踪不仅揭示了毕业生的就业现状，更重要的是为高校提供了优化教育策略的宝贵依据。通过对跟踪结果的细致剖析，高校能够清晰地识别出毕业生在就业市场中的竞争优势和不足之处，从而有针对性地调整和完善教育教学内容和方法。这种优化不仅局限于课程设置的微调，更涉及教育理念的更新、教学模式的创新以及实践教学体系的重构。例如，若跟踪结果显示毕业生在某一专业领域就业困难，高校可深入探究原因，是课程内容陈旧还是教学方式与市场脱节，进而采取相应措施进行改进。同时，针对毕业生普遍缺乏的实践能力、团队协作能力等，高校可加大实践教学比重，引入企业实习、项目式学习等模式，以提升学生的综合素质和就业竞争力。

二、建立全面的跟踪指标体系

（一）就业率与就业质量

在建立全面的跟踪指标体系时，就业率和就业质量是两个核心要素，就业率虽然能够直观地反映毕业生的就业情况，但仅仅关注这一指标是远远不够的。就业质量，包括工作满意度、薪资福利、工作环境等多个方面，更能全面深入地体现毕业生的就业状况。通过对这些就业质量指标的细致考察，高校可以更加准确地评估其教育教学成果在就业市场中的实际表现，进而为教育教学改革提供有力的数据支撑；同时，对就业质量的持续关注也有助于高校及时发现并解决毕业生在就业过程中遇到的问题，从而提升毕业生的整体就业满意度和职业发展前景。

（二）职业发展情况

职业发展情况是衡量高校教育教学成果长远影响的重要指标，通过跟踪毕业生在职场中的晋升速度、职业转换等情况，高校可以深入了解毕业生的职业发展潜力和能力。这些数据的收集和分析,不仅有助于高校评估其教育的实效性和持续性,更能为高校提供宝贵的反馈信息,指导其优化人才培养方案,更好地满足社会和市场的需求。此外,对毕业生职业发展情况的长期关注,也有助于高校与校友建立更加紧密的联系,为校友提供持续的职业发展支持和服务。

(三)教育与就业匹配度

通过考察高校教育与毕业生实际工作的匹配程度,可以检验教育的实用性和针对性。具体而言,这一指标涉及毕业生所学专业与就业岗位的相关性、所学知识技能在工作中的应用程度等多个方面。高校应定期收集和分析这些数据,以便及时发现教育教学与市场需求之间的脱节问题,并针对性地进行调整和改进。这种以市场需求为导向的教育教学模式,不仅能够提升毕业生的就业竞争力,更能够确保高校教育的社会价值和意义得到充分体现。同时,教育与就业的高匹配度也能够为高校赢得良好的社会声誉,吸引更多优秀学子报考,从而推动高校的持续发展。因此,在建立全面的跟踪指标体系时,教育与就业匹配度是一个不可忽视的重要环节,高校应给予足够的重视,并通过不断优化教育教学策略,提高这一指标的水平,为毕业生的职业发展和社会进步做出更大的贡献。

三、多渠道收集反馈信息

(一)线上调查与访谈

通过设计科学合理的在线问卷,可以系统地收集毕业生对教育教学、就业准备、职业发展等方面的看法和建议。这种方法的优势在于其便捷性和高效性,能够迅速覆盖广泛的毕业生群体,且数据易于整理和分析。同时,电话访谈作为线上调查的补充,可以针对特定问题进行深入交流,获取更为详细和具体的反馈信息。通过这些线上调查与访谈,高校可以及时了解毕业生的就业体验和职业发展状况,为教育教学改革提供有力的数据支持。在实施线上调查与访谈时,应确保问卷设计的科学性和合理性,避免引导性或模糊性问题,以保证数据的真实性和有效性;同时,访谈过程中应尊重毕业生的意愿和隐私,确保访谈结果的客观性和公正性。

(二)校友网络与活动

校友网络作为高校与毕业生之间的桥梁,具有独特的优势,通过校友网络组织活动,高校可以邀请不同年级、不同专业的毕业生回校交流,以面对面交流的方式获取更直接、深入的反馈信息。这种交流方式不仅能够增进毕业生与母校之间的情感联系,还能够为高校提供宝贵的第一手资料,帮助高校了解毕业生的真实想法和需求。在校友网络活动中,高校可以设计多样化的交流环节,如座谈会、研讨会等,以激发毕业生的参与热情和表达欲望。同时,通过校友的亲身经历和职业发展案例,高校还可以为在校学生提供有益的参考和启示,促进其职业规划和发展。因此,校友网络与活动不仅是收集反馈信息的重要途径,更是高校人才培养和教育教学改革的有力支持。

(三)第三方评价

第三方评价是从外部视角对高校教育教学质量进行评估的重要方式,合作企业、行业协会等作为与高校紧密相关的外部机构,其评价具有客观性和公正性,能够为高校提供有益的反馈和建议。这些第三方机构通常具有丰富的行业经验和专业知识,能够从市场需求、行业发展等角度对高校的教育教学进行评价和指导。通过与第三方机构的合作与交流,高校可以及时了解行业趋势和市场需求,以便调整专业设置和人才培养方案。同时,第三方评价还能够为高校提供宝贵的行业资源和合作机会,促进高校与社会的紧密联系和合作。因此,在收集反馈信息时,高校应重视第三方评价的作用和价值,积极寻求与相关行业机构的合作与交流机会,以推动教育教学质量的不断提升。

四、反馈信息的分析与利用

(一)数据分析与挖掘

数据分析与挖掘是处理大量反馈信息的关键步骤,涉及运用高级的统计方法和专业的数据分析工具来深入探索和理解数据。这一过程的目的是要从海量的、看似无序的数据中,提炼出有价值的规律和趋势。例如,通过对毕业生就业数据的深入分析,可以发现哪些专业领域的就业需求在增长,哪些技能在当今市场上更具竞争力。这种深入的数据挖掘不仅有助于高校了解当前的就业市场状况,还能够预测未来的行业趋势,从而为高校的课程设置和职业规划提供有力的数据支撑。在进行数据分析时,还应注意数据的清洗和预处理工作,以确保数据的准确性和可靠性。同时,选择合适的数据分析工具和方法也至关重要,它们能够直接影响分析结果的精确性和有效性。通过科学的数据分析与挖掘,高校可以更加精准地把握市场动态,为教育教学改革提供有力的数据依据。

(二)问题识别与改进点

反馈信息中往往隐藏着教育教学过程中存在的问题和改进的空间,通过对这些信息的细致分析,高校可以有效地识别出当前教育教学模式、课程设置或实践教学环节中的不足。例如,如果毕业生普遍反映在某一课程的学习中感到困难,那么这可能意味着该课程的教学内容或方法需要调整。同样,如果多数毕业生在就业市场上遇到相似的挑战,这可能揭示了高校在职业规划或就业指导方面的短板。问题的识别是改进的第一步,而准确的改进点定位则能够确保改革措施的有效性和针对性。高校应根据分析结果,明确需要改进的具体环节和内容,并制定相应的改革策略;这种基于实际反馈的问题识别和改进点定位,不仅能够提升高校教育教学的质量,还能够增强毕业生的就业竞争力和职业发展潜力。

(三)决策参考

经过深入分析和挖掘的反馈信息,应当成为高校决策层制定或调整教育教学策略的重要依据。这些经过科学处理的数据,不仅反映了毕业生的实际需求和就业市场的真实状况,还揭示了高校在教育教学中可能存在的问题和改进方向。因此,将这些分析结果纳入决策过程,可以显著增强高校决策的科学性和前瞻性。具体而言,高校可以根据反馈信息中的趋势和规律,调整专业设置和课程结构,以更好地对接市场需求;同时,针对识别出的问题和改进点,优化教学方法和实践环节,提升教育教学的整体质量。此外,这些信息还可以为高校的资源配置、师资队伍建设以及校企合作等提供有力的数据支撑。通过将反馈信息作为决策的核心参考,高校能够确保教育教学改革的方向正确、措施得力,从而培养出更多符合社会需求的高素质人才。

五、构建持续改进的闭环机制

(一)反馈与调整

在高等教育领域,构建一个灵活且响应迅速的反馈与调整机制的核心在于,能够实时捕获并分析来自各方的反馈信息,尤其是关于教育教学内容和市场需求的变化。一旦获取到这些宝贵的信息,高校应迅速反应,对既有的教育教学策略进行必要的调整。这种调整可能涉及课程设置的优化、教学方法的更新,或者与行业合作模式的创新等。通过这样的反馈与调整流程,高校能够确保其教育内容和培养方式始终与市场的最新需求保持同步,从而为学生提供更具现实意义和实践价值的教育体验。此外,这种机制还有助于高校及时识别和纠正教育教学中可能出现的问题,确保教育质量的持续提高。通过这种方式,高校不仅能够更好地满足学生和市场的需求,还能在激烈的教育竞争中保持领先地位。

(二)效果监测与评估

在实施了教育教学策略的调整后,高校需要建立一套科学、系统的效果监测机制,以定期追踪和评估这些改进措施的实际效果。这包括对新的课程设置、教学方法以及行业合作模式等进行全面的效果评估,通过收集和分析相关数据,验证改进措施是否达到了预期的效果。同时,这种监测与评估还应具备前瞻性和动态性,能够根据实际情况进行及时的调整和优化。如果发现某些改进措施并未达到预期效果,高校应迅速进行反思和调整,以确保整个改进过程的有效性和持续性。通过这种方式,高校可以构建一个动态、灵活且高效的持续改进机制,不断提升其教育教学质量,满足社会和市场的需求。

(三)持续改进文化

要在高校内部建立一种持续改进的文化氛围,这需要对全校师生进行持续的教育和引导。通过定期的培训和宣讲,可以让师生们深刻理解持续改进的重要性和必要性,从而激发他们主动参与改进工作的积极性。同时,高校应鼓励师生提出创新性的改进建议,为他们提供必要的支持和资源,以促进改进措施的落地实施。此外,高校还可以通过设立激励机制,如奖励制度、晋升渠道等,来进一步推动持续改进文化的深入人心。当师生们看到自己的努力和贡献得到了认可和回报,他们将更加积极地投入改进工作中去。通过这样的文化氛围建设,高校可以逐步形成一种自我完善、自我提升的内在动力机制,推动教育教学质量的不断提升;这种文化氛围的建立不仅有助于高校在当前的教育竞争中脱颖而出,更能为其长远发展奠定坚实的基础;它也有助于培养师生的创新意识和实践能力,为社会输送更多具有高素质和创新能力的人才。

第四节　持续改进与质量提升策略

一、建立全面的质量管理体系

(一)明确质量管理体系目标

在构建创新就业教育质量管理体系时,具体目标的明确必须与高校的整体发展战略和教育教学理念紧密相连,以确保质量管理体系的有效性和可持续性。通过设定清晰、具体、可衡量的目标,高校能够为质量管理体系的构建和实施提供明确的方向和指引。这不仅有助于提升教育教学的质量和效率,还能够更好地满足社会和市场的需求,培养出更多具有创新精神和实践能力的高素质人才。为了进一步明确质量管理体系目标,高校可以开展深入的市场调研和需求分析,了解当前及未来一段时间内社会和市场对创新就业教育的期望和需求;同时,结合自身的办学特色和资源优势,制定出既符合实际又具有前瞻性的质量管理目标。

(二)完善质量管理流程

高校应建立一套涵盖质量计划、质量控制、质量评估和质量改进等环节的完善流程,以确保教育教学的全过程都得到有效的管理和监控。这些流程应具有明确的操作步骤和质量标准,能够为教师和教学管理人员提供清晰的指导和依据。在质量计划环节,高校应根据既定的目标,制订出具体可行的教学计划和实施方案。在质量控制环节,高校应加强对教学过程和学生学习成果的监控和管理,确保各项教学活动都符合预期的质量标准。在质量评估环节,高校应定期对教育教学效果进行评估,以便及时发现问题并进行改进。最后,在质量改进环节,高校应根据评估结果和反馈信息,制定出针对性的改进措施,并持续优化和完善质量管理体系。

(三)建立质量监控与反馈机制

为了确保创新就业教育质量管理体系的有效运行和持续改进,高校必须建立一套完善的质量监控与反馈机制。这一机制应能够实时监控创新就业教育的全过程,及时发现并纠正存在的问题和不足。同时,它还应能够收集和分析来自教师、学生、企业和社会等各方的反馈信息,以便为质量管理体系的持续改进和质量提升提供有力的依据和支持。在建立质量监控机制时,高校可以充分利用现代信息技术手段,如大数据分析、云计算等,对教育教学过程中的关键指标进行实时跟踪和监控。这样不仅可以提高监控的效率和准确性,还能够为及时发现问题和制定改进措施提供有力的数据支持。同时,高校还应建立一套完善的反馈信息处理流程,确保收集到的反馈信息能够得到及时有效的处理和分析。通过这些措施的实施,高校可以构建一个动态、灵活且高效的质量监控与反馈机制,推动创新就业教育质量的不断提升和持续改进。

二、强化数据驱动的决策机制

(一)构建数据收集与分析系统

在推动创新就业教育质量提升的过程中,构建一套完善的数据收集与分析系统显得尤为重要,这一系统不仅能有效地收集创新就业教育过程中的各类数据,更能深度挖掘这些数据背后所蕴含的信息与价值,从而为全面评估教育效果提供坚实的数据支撑。这些数据应涵盖学生参与度、学习成果、就业率等关键指标,以多维度、多角度地反映教育教学的真实情况。为了构建这样一个系统,高校需要整合现有的信息技术资源,搭建起一个集数据采集、存储、处理和分析于一体的综合性平台。同时,还需制定一套标准化的数据采集流程和质量控制机制,以确保所收集到的数据具有准确性、可靠性和代表性。通过这一系统的构建,高校能够更加科学、客观地评估创新就业教育的效果,进而为后续的改进和优化提供有力的数据支持。

(二)提升数据应用能力

在数据收集与分析系统构建完毕后,如何有效地利用这些数据,将其转化为对教育质量提升有价值的洞见,便成了高校需要面对的重要课题。这就要求高校在收集数据的基础上,进一步提升数据应用能力,通过对数据的深入挖掘和分析,揭示出教育过程中的规律和趋势。为了实现这一目标,高校可以引进先进的数据分析技术和工具,如机器学习、数据挖掘等,以更高效地处理和分析海量的教育数据。同时,高校还应注重培养一支具备数据分析能力的专业团队,他们不仅需要掌握扎实的数据分析技能,还需具备丰富的教育领域知识,以确保数据的有效利用和解读。通过这样的方式,高校能够更准确地识别出教育过程中的问题和挑战,进而为制定针对性的改进措施提供科学依据。

(三)建立基于数据的决策流程

随着数据应用能力的提升,高校应逐步建立起基于数据的决策流程,以确保决策的科学性和准确性。在制定新的教育政策或改进措施时,高校应充分利用数据分析结果作为决策的依据,避免仅凭经验或主观判断做出决策。为了实现基于数据的决策,高校需要建立一套完善的数据驱动的决策机制,将数据分析结果有效地融入决策过程中。这包括但不限于设定明确的数据分析目标、选择合适的数据分析方法、制定科学的数据解读标准等。同时,高校还应定期对决策效果进行评估和调整,通过对比实际执行效果与预期目标的差异,不断优化和完善决策流程。这样不仅可以增强决策的针对性和实效性,还能够形成动态优化的决策机制,推动创新就业教育质量的持续提升。

三、推动师资队伍的专业化发展

(一)制定师资发展规划

针对创新就业教育的特殊需求,高校必须精心制定师资发展规划,以确保教育教学的质量和效果。这一规划不仅应明确师资队伍建设的长远目标,还应具体细化各阶段的主要任务和实现措施,从而为教师的专业化成长提供全面而有力的支持。在制定过程中,高校应充分考虑现有师资力量的实际情况,结合未来教育发展的趋势和需求,制定出既切实可行又具有前瞻性的师资发展规划。通过实施这一规划,高校能够有针对性地加强师资队伍建设,提升教师的整体素质和教学水平,为培养高素质的创新型人才奠定坚实基础。

(二)加强师资培训与交流

为了不断提升教师的专业素养和教育教学能力,高校应定期组织丰富多样的师资培训与交流活动。这些活动可以包括邀请行业内知名专家进行专题讲座、组织教师参加各类专业培训课程,以及举办教师之间的教学经验交流会等。通过这些活动,教师能够及时了解最新的教育理念和教学方法,不断更新自身的知识结构,提高教学技能。同时,鼓励教师之间的积极交流与合作,不仅能够促进教学经验的共享与传承,还能够增强教师团队的凝聚力和协作精神;这种开放、互动的培训与交流模式,有助于激发教师的创新活力和教学热情,推动教育教学质量的持续提升。

(三)建立激励机制与评价体系

为了充分激发教师专业化发展的积极性和主动性,高校必须建立完善的激励机制和评价体系。通过设立多样化的教学奖励制度,如教学成果奖、教学创新奖等,以及提供晋升机会和其他形式的激励措施,高校能够充分肯定教师的辛勤付出和优秀成果,增强教师的职业荣誉感和归属感。同时,建立科学的教师评价体系也是至关重要的。这一体系应全面涵盖教师的教学质量、科研成果、社会服务等多个方面,采用定量与定性相结合的评价方法,确保评价结果的客观性和公正性。通过将评价结果与激励机制相结合,高校能够为教师的专业化发展提供明确的方向和持续的动力支持,推动教师队伍的整体素质和教学水平不断迈上新台阶。

四、构建多元化的评价体系

(一)确立多元化评价原则

在构建创新就业教育的多元化评价体系时,确立明确的评价原则至关重要,这些原则不仅为整个评价体系的设计和实施提供指导,而且确保最终的评价结果能够真实、准确地反映学生的综合素质和能力水平。全面性原则要求评价涵盖学生的知识、技能、态度等多个方面,以展现学生的整体发展状况。客观性原则强调评价应基于事实和数据,避免主观偏见和情绪因素的影响。

公正性原则则要求评价对所有学生一视同仁,不偏袒任何一方,确保每个学生都能得到公平的评价。最后,发展性原则鼓励评价应着眼于学生的未来发展,不仅关注当前的表现,还要预测和引导学生可能的进步方向。这些原则共同构成了多元化评价体系的基础,为高校提供了科学、合理、有效的评价框架。

(二)设计多维度评价指标

为了更全面地评估学生的创新就业能力,高校需精心设计多维度的评价指标,涵盖学生的知识储备、技能掌握、实践经验、团队协作能力以及创新思维能力等多个关键领域。知识储备指标主要考查学生对专业知识的掌握程度和应用能力;技能掌握指标则关注学生在具体操作和实践中的技能表现;实践经验指标着重衡量学生参与实际项目或实习活动的经历和成果;团队协作能力指标评价学生在团队中的角色扮演和协作精神;创新思维能力指标则旨在评估学生解决问题和提出新思路的能力。通过这些多维度指标的综合运用,高校能够更深入地了解学生的综合素质,为后续的个性化教育提供有力支持。

(三)实施多元化评价方法

在实施多元化评价时,高校应注重采用定量与定性相结合、过程与结果相结合等多种评价方法。定量评价主要通过具体的数值或量表来衡量学生的表现,如考试成绩、技能评分等,具有客观性和可比性的优势。而定性评价则更侧重于对学生的质性特征进行描述和分析,如学生自评、互评以及教师评价中的文字反馈,能够更深入地揭示学生的内在特质和潜在能力。同时,过程评价强调对学生学习过程的持续关注和记录,以便及时发现学生的进步和问题,为教学调整提供实时反馈。结果评价则是对学生学习成果的最终检验,旨在衡量学生是否达到了预期的学习目标。通过综合运用这些评价方法,高校能够更全面地评价学生的创新就业能力,推动教育教学质量的不断提升。

参考文献

[1]赵强.高校创新创业教育探索与实践研究:教学方法及理论[M].北京:中国商务出版社,2023.

[2]王爱文.高校创新创业教育发展动力机制研究[M].广州:中山大学出版社,2019.

[3]王志强,李远煦.理念结构功能:高校创新创业教育的组织变革[M].北京:社会科学文献出版社·国际出版分社,2021.

[4]褚建伟,张春青,范琳.创新创业教育[M].北京:高等教育出版社,2019.

[5]郭立群.高校创新创业教育促进高质量就业的理论与实践探索[M].北京:中国农业大学出版社,2022.

[6]陈思宇.高校创新创业教育生态系统的构建:教学方法及理论[M].长春:吉林大学出版社,2022.

[7]陈虹.大学创新创业教育[M].北京:文化发展出版社,2020.

[8]李燕,绍林,王志军.大学生就业指导创新研究[M].杭州:浙江大学出版社,2013.

[9]陈磊.大学生职业发展教育[M].北京:北京师范大学出版社,2015.

[10]刘艳,乌斯满·达吾提.大学生创业带动就业研究[M].北京:中国文史出版社,2015.

[11]谢凌云. 应用型高校创新创业教育管理多元路径的探索 [J]. 就业与保障, 2024 (07): 127-129.

[12]孟杰. “双创”背景下现代高校教育管理路径研究 [J]. 产业与科技论坛, 2024, 23 (07): 280-282.

[13]李忠岘,陆俊汕,杨杰. 加强教育管理对提升地方高校创新创业教育成效的探讨 [J]. 高教学刊, 2023, 9 (04): 23-26.

[14]霍正刚,查晓庭,陆孟瑶. 工科高校创新创业教育管理模式满意度评价体系构建 [J]. 科教导刊, 2022 (34): 139-141.

[15]李苗青,李钰,侯雅乔,等. 高校创新创业教育管理人员队伍建设路径探析 [J]. 科教导刊, 2022 (24): 144-146.

[16]谢倩倩. 创新创业视角下高校食品专业教育管理改革探索 [J]. 食品研究与开发, 2022, 43 (11): 237.

[17]邹烈刚. 创新创业背景下的高校大学生分类教育管理 [J]. 中学政治教

学参考，2020（33）：104.
[18]王雨秋. 以就业为导向的高校大学生教育管理研究［J］. 大学，2020（23）：3-4.
[19]郑美丽. 创新创业教育背景下教育管理人才培养模式分析［J］. 中外企业家，2020（13）：129-130.
[20]张晓慧. “互联网+”背景下地方高校创新教育的校企合作机制研究［J］. 智库时代，2020（02）：224-225.
[21]袁丹,周岐燃. “三维”发力构建高校就业指导路径［J］. 四川劳动保障，2024（11）：170-171.
[22]班允沛,孙鹤. 新时期高校思政教育与就业指导教育融合探索［J］. 四川劳动保障，2024（11）：30-31.
[23]陈晗晗,何秀成,赵莉,等. 高校就业指导与服务体系构建的现实意义、实践困境与优化策略［J］. 西部素质教育，2024，10（22）：111-114.
[24]王成. 高校“一站式”学生社区就业指导工作路径探究［J］. 就业与保障，2024（11）：106-108.
[25]程铖. 互联网时代应用型本科高校离校未就业毕业生的指导路径研究［J］. 中国新通信，2024，26（22）：119-121.
[26]曲杰. 高校毕业生就业指导的社会协同策略研究［J］. 产业与科技论坛，2024，23（22）：239-241.
[27]陈曦. 新媒体时代高校辅导员就业指导能力提升研究［J］. 才智，2024（33）：115-118.
[28]周一桐. 高校就业指导与服务的创新研究［N］. 河北经济日报，2024-11-06（011）.
[29]李伸荣. 大数据背景下高校大学生就业指导工作开展路径探讨［J］. 大学，2024（31）：87-90.
[30]尉涛. 新媒体时代高校思政教育与就业指导工作创新融合［J］. 中国军转民，2024（20）：142-143.